Die Kombinatsdirektoren

Jetzt reden wir!

Was heute aus der DDR-Wirtschaft zu lernen ist

Herausgegeben von Rohnstock Biografien

cb edition berolina

ROHNSTOCK
BIOGRAFIEN

Die in diesem Buch versammelten Texte sind zusammengetragen aus mündlichen Beiträgen der Protagonisten auf der Tagung »Krise und Utopie. Was heute aus der DDR-Planwirtschaft für ein zukünftiges Wirtschaften gelernt werden kann«. Veranstaltet wurde die Tagung vom Verein zur Förderung lebensgeschichtlichen Erinnerns und biografischen Erzählens – unterstützt von der Rosa-Luxemburg-Stiftung und der Firma Rohnstock Biografien. Die Beiträge von Christa Luft und Jörg Roesler wurden für dieses Buch geschrieben. Die mündlichen Texte aufgeschrieben, alle Materialien zusammengestellt und bearbeitet hat Bettina Kurzek.

**ROHNSTOCK
BIOGRAFIEN**

www.rohnstock-biografien.de

3. Auflage dieser Sonderausgabe

eb edition berolina

Alexanderstraße 1
10178 Berlin
Tel. 01805/30 99 99
FAX 01805/35 35 42
(0,14 €/Min., Mobil max. 0,42 €/Min.)

© 2014 by BEBUG mbH/Edition Berolina, Berlin
Umschlaggestaltung: Jana Krumbholz, ACDM
Druck und Bindung: GGP Media GmbH, Pößneck
Fotos: Sebastian Bertram, Rohnstock Biografien
www.buchredaktion.de

Inhalt

Vorwort

Christa Luft

DDR-Wirtschaft – Marode und bankrott? Ihre Kapitäne Versager?

Die Urteile über die Wirtschaft der verblichenen DDR gehen nach wie vor weit auseinander. Die einen haben noch die zu Zeiten Walter Ulbrichts aus Prestigegründen in Umlauf gesetzte These im Ohr, die DDR belege, gemessen am absoluten Produktionsumfang, Rang 10 unter den Industriestaaten der Welt. Tatsächlich war die in Mengeneinheiten erfasste Produktion im internationalen Vergleich beachtlich. Nur war damit nichts über den Arbeitsaufwand, mithin über Produktivität und Konkurrenzfähigkeit gesagt.

Für andere glich der zweite deutsche Staat mit seiner volkseigenen Wirtschaft einem Schrotthaufen und Bankrotteur. Diese Schmähthese soll dazu dienen, die überstürzte D-Mark-Übertragung auf die DDR wie auch das zerstörerische Treiben der *Treuhandanstalt (THA)* als alternativlos zu rechtfertigen und die ostdeutsche Bevölkerung demütig zu machen. Die über zweihundertfünfzig Milliarden D-Mark von der Privatisierungsbehörde hinterlassenen Schulden müssen bis heute als Indiz für eine geerbte »verrottete« Substanz herhalten.

Beide Sichtweisen werden vor der Geschichte keinen Bestand haben. Sie widerspiegeln die Realität verzerrt. Faktum ist, dass die DDR ein hochindustrialisiertes Land mit moderner Landwirtschaft und weltweiten Außenhandelsbeziehungen war. Viele Erzeugnisse »made in GDR« waren in weiten Teilen

7

der Welt bekannt und begehrt. Sie zeugten von der hohen Qualifikation der Facharbeiter und Ingenieure. Die größten Ex- und Importpartner waren die Sowjetunion und die Bundesrepublik Deutschland. Bis zum Ende ihrer Existenz belegte die DDR unter den Mitgliedsländern des *Rates für gegenseitige Wirtschaftshilfe (RGW)* in der Wirtschaftsleistung pro Kopf den ersten Rang. In Wissenschaft und Technik nahm sie einen Spitzenplatz ein. Das traf auch auf den Lebensstandard der Bevölkerung zu. Mit vielen entwickelten westlichen Ländern konnte sie sich ebenfalls messen.

Im stets naheliegenden Vergleich mit der angrenzenden Bundesrepublik erwies sich die Produktivität der DDR-Wirtschaft als Achillesferse. Bereits in den ersten fünfzehn Nachkriegsjahren war gegenüber dem vom Marshall-Plan begünstigten Nachbarn ein Rückstand eingetreten, der bis zuletzt nicht aufgeholt werden konnte. Neben systemeigenen Ursachen waren dafür äußere Erschwernisse maßgebend, so die umfangreichen Reparationsleistungen an die UdSSR in Form von Demontagen und Entnahmen aus der laufenden Produktion, die Embargomaßnahmen kapitalistischer Länder, der Verbund mit wirtschaftlich sowie technologisch zumeist weniger entwickelten sozialistischen Ländern und ebenso die offene Grenze zum Westen und die damit einhergehende Abwanderung gut ausgebildeter Männer und Frauen.

Ende der 1980er Jahre hatte sich die ökonomische Lage der DDR zugespitzt. Erich Honeckers Kurs der »Einheit von Wirtschafts- und Sozialpolitik«, eine an sich wünschenswerte und auf die beschleunigte Verbesserung der Arbeits- und Lebensbedingungen gerichtete Linie, war durch die reale Leistungsfähigkeit der Wirtschaft nicht gedeckt. Das ökonomische Wachstum schwächte sich gemessen an vorangegangenen Zeiträumen ab, die Akkumulation ging stark zurück. Die knappen Investitionsmittel wurden auf ausgewählte Zweige (Mikroelektronik, Veredelungschemie, Erdöl- und Erdgaschemie) konzentriert. Das ging zu Lasten vor allem der verarbeitenden Industrie. Es kam zwar auch dort noch in den 1980er Jahren zum Import hochmoderner Anlagen und Ausrüstungen aus westlichen Ländern, aber die Alterung des Kapitalstocks konnte damit nicht nachhaltig gebremst werden. In Infrastruktur und Umweltschutz stauten sich die Rückstände. Die Versorgung der Bevölkerung mit Waren des gehobenen Bedarfs stockte. Der Kaufkraftüberhang stieg. Die Auslandsverschuldung in konvertierbarer Währung schwoll an und war drückend. Immer größere Anteile des Inlandsprodukts mussten für die Devisenerwirtschaftung aufgewendet werden, nur um den Schuldendienst zu leisten. Längst stand eine grundlegende Reformierung der Wirtschaft an.

Aber war die DDR pleite? Nein! Bankrott ist ein Staat, wenn er seinen fälligen Zahlungsverpflichtungen nicht nachkommen kann und international als nicht mehr kreditwürdig gilt. Beides traf Ende 1989 nicht zu. Das sah auch der damalige Bundesbankpräsident Karl Otto Pöhl so. Der oberste westdeutsche Banker reduzierte den Zustand der DDR nie auf den Begriff »pleite«. Ob der Insolvenzfall bei unveränderter Politik in zwei, drei oder vier Jahren eingetreten wäre, ist Spekulation. Woher aber stammt die von Politikern der BRD ab Anfang Februar 1990 verbreitete Alarmmeldung, die DDR sei illiquid?

Welche Ironie! Als »Kronzeugen« gelten bis heute der langjährige Vorsitzende der *Staatlichen Plankommission (SPK)*, Gerhard Schürer, und der Chef des Außenhandelsbereiches »Kommerzielle Koordinierung« (KoKo), Alexander Schalck-Golodkowski. Die beiden sowie weitere hochrangige Staatsfunktionäre verantworteten eine »Geheime Verschlusssache« zur »Analyse der ökonomischen Lage der DDR mit

Schlussfolgerungen«. In Auftrag gegeben hatte diese am 24. Oktober 1989 Egon Krenz, der nach Erich Honeckers Sturz frisch das Amt des SED-Generalsekretärs angetreten hatte. Die Autoren gingen von einer unmittelbar bevorstehenden Zahlungsunfähigkeit ihres Staates aus. Für Ende 1989 erwarteten sie Bruttoschulden in konvertierbarer Währung in Höhe von 49 Milliarden Valutamark respektive D-Mark.

Daran hätte die Volkswirtschaft tatsächlich ersticken können, weniger wegen der nominalen Höhe der Verbindlichkeiten, sondern weil die Mittel für den Schuldendienst mit immer höherem Inlandsaufwand in Fremdwährung erwirtschaftet werden mussten. In den 1980er Jahren »kostete« eine beim Export erlöste D-Mark im Schnitt 4,40 Mark der DDR. Das schmälerte zunehmend die inländische Verwendung des erzeugten Produkts. Es zeigte sich indes bald, dass die Westverschuldung in der Analyse überhöht angegeben war. Doch die Panikziffer war in der Welt. Unter Schützenhilfe der Regierung Kohl wurde sie von den marktwirtschaftlichen »Machern« der alten Bundesrepublik sofort aufgegriffen und als Hebel für die Durchsetzung eigener Interessen genutzt. Bis heute werden genüsslich Verschuldungszahlen aus dem sogenannten »Schürer-Papier« kolportiert, obwohl diese mehrmals öffentlich korrigiert wurden. Schürer selbst hatte bereits Ende November 1989 die Volkskammer der DDR darüber informiert, dass die Westverschuldung der DDR brutto nicht 49 Milliarden D-Mark betrage, wie im Geheimpapier genannt, sondern 38 Milliarden D-Mark. Unter dem Druck der politischen Ereignisse hatte der Bereich »Kommerzielle Koordinierung« schließlich seine bis dahin streng geheim gehaltenen, außerhalb der offiziellen Zahlungsbilanz geführten Devisenreserven zu einem Teil offengelegt. Transparent waren sie zu diesem Zeitpunkt immer noch nicht. Am 11. Mai 1990 gab der Finanzminister der Regierung de Maizière – der von mir sehr geschätzte Walter Romberg – vor dem Parlament bekannt, dass die Auslandsverschuldung gegenüber westlichen Ländern per 31. März 1990 in D-Mark umgerechnet 27,2 Milliarden betrug. Im Monatsbericht der *Deutschen Bundesbank* vom Juli 1990 wurden die zu diesem Termin erfassten Verpflichtungen in konvertierbaren Devisen mit 24,7 Milliarden D-Mark angegeben. Die Lage blieb angespannt, hatte sich aber entdramatisiert. Schließlich wies die *Deutsche Bundesbank* in einem Bericht vom August 1999 als Netto-Schuldenstand der DDR in konvertierbaren Devisen am 30. Juni 1990, das heißt einen Tag vor Beginn der Währungsunion, 19,8 Milliarden D-Mark aus. Zum Vergleich: Die deutsche Hauptstadt Berlin allein steckt heute mit 63 Milliarden Euro in den »roten Zahlen«!

Ich habe während meiner Zeit als PDS-Abgeordnete im *Deutschen Bundestag* in jeder Rede, in der es passte, auf den berichtigten Schuldenausweis hingewiesen. Nicht, um die DDR-Lage im Nachhinein zu beschönigen, sondern im Interesse der historischen Wahrheit. Interessiert hat es die Damen und Herren der übrigen Fraktionen nicht. Es bestätigte sich, was auch bei anderen Themen zu beobachten ist: Die erste, zumal in das gewünschte Bild passende Meldung setzt sich fest und ist kaum wieder zu löschen.

Was in der DDR-Wirtschaft anstand, war, Modernisierungs- und Wachstumsblockaden zu lösen, den Kombinaten und Betrieben mehr Eigenverantwortung zu übertragen, zukunftsfähige Branchen auszubauen und Absatzmärkte zu stabilisieren. Auf bundesdeutscher Seite fehlte aber die Bereitschaft, den ostdeutschen Betrieben Zeit und Mittel für notwendige Strukturanpassungen, für den weitestgehenden Erhalt traditioneller Kunden beziehungsweise die Neugewinnung von Märkten zu gewähren. Mitglieder der Mitte Februar 1990 gebildeten ost-west-gemischten Kommission zur Vorbereitung der Währungsunion berichteten, die DDR-Vertreter hätten immer am kürzeren Hebel gesessen, weil über allen Verhandlungen »erschreckende Zahlen« aus dem sogenannten »Schürer-Papier«

schwebten. Das blieb dann auch so bei dem von Bonner Beamten vorbereiteten Treuhandgesetz der de-Maizière-Regierung. Es zielte – typisch neoliberal – auf rasche und flächendeckende Privatisierung der bis dahin volkseigenen Industrie der DDR und anderer Bereiche der gewerblichen Wirtschaft. Es ging nicht im Schumpeterschen Sinne um »schöpferische Zerstörung«, um etwas Neuem Raum zu geben. Die Destruktion diente dem Zweck, mögliche Konkurrenten auszuschalten und sich deren Märkte anzueignen.

Die Treuhand zerschlug entgegen westeuropäischem Trend nahezu alle Großunternehmen, statt eine gesunde Mischung verschiedener Betriebsgrößen anzustreben. In der Endzeit der DDR hatte es 145 Wirtschaftseinheiten mit jeweils mehr als 5.000 Beschäftigten gegeben. Am Ende der Treuhand-Ära waren ganze fünf übriggeblieben. Es entstand eine überwiegend kleinteilige Wirtschaft, was bis heute die ökonomische Entwicklung der neuen Bundesländer beeinträchtigt. Natürlich hätten nicht alle »Giganten« unter den Bedingungen eines offenen Marktes überleben können. Aber die Frage nach einem Betriebsgrößenmix – für Beschäftigung, Kooperationsnetze, Gründungs- und Ansiedlungsgeschehen ausschlaggebend – hat nie eine Rolle gespielt.

Forderungen und Vorschläge, die die Treuhand beim Abstoß des ostdeutschen produzierenden Gewerbes in die Fänge der westdeutschen und ausländischen Konkurrenz und damit seine Liquidierung respektive Marginalisierung hätten bremsen können, fanden kein Gehör. Warum hätten nicht traditionsreiche, zumeist eine ganze Region prägende, in weiten Teilen der Welt für ihre Produkte bekannte Großunternehmen (zum Beispiel *Chemieanlagenbaukombinat Leipzig-Grimma (CLG)*, TAKRAF Leipzig, *VEB Waggonbau Ammendorf)* mehrjährig im Bundes- oder Landeseigentum fortgeführt werden können? Das hatte auch der bald aus dem Weg geräumte Vorgänger von Birgit Breuel im Treuhand-Präsidentenamt, Detlev Karsten Rohwedder, weitsichtig erwogen. Die jeweiligen Landesregierungen wären stärker in der Pflicht gewesen, Investitionsmittel zu mobilisieren, Absatzmärkte im In- und Ausland neu oder zurückzugewinnen und damit den Beschäftigungsabsturz zu dämpfen. Ein diese These belegendes Beispiel ist die *Jenoptik GmbH*. Hervorgegangen aus dem Kombinat *VEB Carl-Zeiss-Jena* und 1996 in eine Aktiengesellschaft umgewandelt, befand sie sich seit 1991 zunächst einhundertprozentig im thüringischen Landeseigentum. Der Freistaat trennte sich erst 2007 von seinem letzten Aktienanteil. Anno 1998 an der Börse gelistet, hat die Jenoptik AG die marktwirtschaftliche Umstrukturierung und Neuorientierung nicht ohne Aderlass, insgesamt aber besser überstanden als die abrupt privatisierten, dabei ausgeschlachteten und häufig liquidierten vormaligen Großunternehmen.

In meiner Zeit als Parlamentarierin habe ich im Deutschen Bundestag und im Bundeswirtschafts- sowie Bundesfinanzministerium für ein »Bündnis für Aufträge« geworben. Dies war ein gemeinsam mit den Industrie-, Außenhandels- beziehungsweise Bankexperten Karl Döring, Kurt Falkenberg und Edgar Most sowie dem auf Rechtsfragen im Osteuropageschäft spezialisierten Anwalt Lothar de Maizière erarbeitetes Projekt zur Wiederbelebung industrieller Arbeitsplätze in den einstigen Hochburgen des Chemieanlagenbaus um Leipzig, Halle, Merseburg. Bekannt war der marode, umweltgefährdende Zustand russischer Erdöl- und Gasförderanlagen. Zum größten Teil aus der DDR bezogen, bedurften sie nach Jahrzehnten dringend einer Modernisierung. In Sachsen und Sachsen-Anhalt gab es noch Nachfolgefirmen früherer Lieferbetriebe und hochqualifiziertes Personal mit spezifischen Erfahrungen bei der Abwicklung von Russlandgeschäften. Russischen Unternehmen mangelte es an Devisen, um entsprechende Aufträge auszulösen. Sie hätten mit europa- und weltweit vermarktbarem Erdöl oder Gas bezahlen können. Es gab Firmen, die auf solche Transaktionen spezialisiert waren. Westdeutsche Konzerne nutzten umstandslos deren Know-how. Bis die »Bezahlware« verkauft ist und das Geld im Kasten klingt, hätten ostdeutsche Anlagenlieferanten in Vorleistung treten, also kreditieren müssen. Das wollten sie allerdings nur tun, wenn der Kredit – wie in anderen Fällen üblich – staatlich gegen eventuelle Zahlungsausfälle verbürgt würde. Dies lehnte die Bundesregierung mit Hinweis auf die *Europäische Kommission* ab. Die würde darin eine Wettbewerbsverzerrung sehen. Nicht einmal zu einer Anfrage in Brüssel war die Bundesregierung zu bewegen. Vorwände wurden gesucht. Man wollte eingefahrene Gleise nicht verlassen und gab uns zu verstehen, wir hätten antiquierte Vorstellungen. Aber es ging wohl vor allem darum, auf keinen Fall einer ostdeutschen Initiative zum Erfolg zu verhelfen, auch wenn das zum Nachteil Tausender war, die in Beschäftigung hätten kommen können. Selbst Manfred Stolpe, als Ministerpräsident von Brandenburg von unserem Projekt noch angetan, hatte sich als späterer Bundesminister mit Ostzuständigkeit im Schröder-Kabinett »auf Linie« bringen lassen.

Am Beispiel der immer noch kursierenden Verschuldungszahlen und der Schrotthypothesen zeigt sich, dass die Annäherung an die historische Wahrheit ein langwieriger Prozess ist. Manches bisher über das Ende der DDR, den Zustand und die Zerschlagung ihrer Wirtschaft zumeist von Außenstehenden Geschriebene ist zu ergänzen oder geradezurücken, manches einseitige Urteil zu korrigieren. Alle eifernden Schreiber über den zweiten deutschen Staat und dessen Ökonomie sollten sich an ein Wort von Golda Meir halten. Die frühere israelische Ministerpräsidentin hatte gemahnt: »Moderne, also Zeitgeschichte, sollte mit dem Bleistift geschrieben werden.« Das

betrifft auch das, was zu den dominierenden Wirtschaftseinheiten der DDR, den Kombinaten und dem Umgang mit ihnen beim Übergang in die Marktwirtschaft bislang zu Papier
gebracht worden ist. Aber zur Annäherung an die historische
Wahrheit gehört auch die Recherche, was aus den Kapitänen
der »industriellen Dickschiffe«, wie man in Treuhandkreisen
zu sagen pflegte, geworden ist, wie sie ihre damalige Arbeit
beurteilen und die inneren und äußeren Bedingungen, unter
denen sie zustande kam. Wo sehen sie die Erfolge der von
ihnen geleiteten Einheiten und ihre persönliche Leistung bei
der Navigation ihrer »Dickschiffe« in mitunter tosendem Ge-
wässer? Welche Gestaltungsspielräume hatten und nutzten
sie in der zentralistisch geleiteten Wirtschaft? Sehen sie im
Rückblick Versäumnisse, auch Fehler? Wie haben sie den
kaltschnäuzigen Umgang der Treuhand mit dem langjährigen
Führungspersonal persönlich erlebt und verarbeitet? Viele
von ihnen hatten zumeist nach einem naturwissenschaftlichen
oder Ingenieurstudium jahrzehntelange wirtschaftspraktische
und wirtschaftsleitende Erfahrungen aufzuweisen, galten ihren Verhandlungs- und Kooperationspartnern im Westen wie
im Osten als kompetent und verlässlich. Etliche von ihnen
besaßen Patente oder hatten an der Wiege bahnbrechender
Innovationen gestanden. Da gibt es einen Fundus an Erfahrungen, der bisher öffentlich weitgehend unbeachtet geblieben
ist.

Es ist das Verdienst des Unternehmens *Rohnstock Biografi-
en* und »seines« Vereins zur Förderung lebensgeschichtlichen
Erinnerns und biografischen Erzählens, sich dieser bisherigen »Leerstelle« in einer Tagung im September 2012 zuge-
wandt und nun ein erstes Ergebnis vorgelegt zu haben. Die
Zusammenkunft verdeutlichte, dass es mehr Raum und Zeit
erfordert, das Erfahrungswissen der »roten Wirtschaftsmanager« zu bergen. Deshalb veranstalten die Initiatoren seither
monatliche Erzählsalons, in denen jeweils ein Generaldirektor

auf sein Berufsleben und die Entwicklung seines Kombinats zurückblickt.

Was waren das für Männer und wenige Frauen, die sich langjährig Sporen an der Spitze großer, vom Umfang westlichen Konzernen vergleichbarer Wirtschaftseinheiten verdient haben? Mehrheitlich kamen sie aus sogenannten bildungsfernen Schichten, aus kleinen Verhältnissen, wie es im Sprachgebrauch von Soziologen heißt. Sie sind der lebendige Beweis für das in der DDR gebrochene Bildungsprivileg. Bildungsaufsteiger denken »sozialer«, kennen besser die Lebensrealität der »normalen Leute« als in gut bürgerlichen oder gar großbürgerlichen Verhältnissen aufgewachsene Elitenangehörige. So lautet der Extrakt aktueller soziologischer Untersuchungen. Das Sozialverhalten der ostdeutschen »Wirtschaftskapitäne« stützt diese These. Ein monolithischer Block waren sie dennoch nicht. Es sind auch Fälle von Patriarchengehabe im Leitungskollegium und Raubeinigkeit gegenüber Mitarbeitern bekannt. Doch übergreifend war, dass die Chefs Belegschaftsinteressen im Auge hatten, sich um soziale und kulturelle Belange kümmerten und einen kooperativen Arbeitsstil pflegten. Das brachte ihnen nach der Wende in altbundesdeutschen Amtsstuben nicht selten den Vorwurf ein, sie hätten eher Betriebsrats- statt Managerqualitäten, wären »Parteibuchkarrieristen«. Die solches Urteil fällen, hängen an den Lippen des konservativen US-amerikanischen Wirtschaftswissenschaftlers Milton Friedman. Dessen Lehrmeinung hat in der westlichen Welt Generationen von Wirtschaftseliten geprägt. Anfang der 1960er Jahre warnte er: »Es gibt nur wenige Tendenzen, die das Grundgefüge unserer freien Gesellschaftsordnung so nachhaltig unterminieren könnten, wie das Bestreben von Führungskräften der Großbetriebe, andere soziale Verantwortung zu übernehmen, als lediglich die Aufgabe, für ihre Aktionäre so viel Geld wie möglich zu verdienen.« Diese Diktion wurde zum Maßstab für Wirtschaftskompetenz, die man folglich den ostdeutschen Kombinatsleitern absprach. Solches Urteil kann sie nicht kränken, ihre Lebensleistung nicht herabwürdigen. Sie waren Akteure in einer Gesellschaft, in der der Mensch nicht auf eine Humanressource reduziert war, die sich rechnen muss. Sie wirkten in einem System, in dem die Wirtschaft zuvorderst eine soziale Funktion und nicht die Aufgabe privater Profitmaximierung hatte. Übergeordnete gesamtgesellschaftliche Erfordernisse und einzelwirtschaftliche Rationalität waren in Einklang zu bringen. Das war eine große Herausforderung und gelang nicht immer. Wenn Kombinate, was zutrifft, nicht selten auch Dinge produzierten und exportierten, die sich betriebswirtschaftlich nicht rechneten, dann geschah das auf der Grundlage »weiter oben« gefällter, im Staatsplan verankerter politischer Entscheidungen. Wenn die Generäle in ihren Unternehmen erarbeitete Gewinne kaum nach eigenem Ermessen einsetzen konnten, dann lag das nicht daran, dass sie fachlich überfordert gewesen wären. Die Ursache lag im längst reformbedürftigen Wirtschaftsmechanismus der DDR. Natürlich mochte der Langmut der meisten Kombinatschefs angesichts zunehmender zentralistischer Eingriffe in ihren Verantwortungsbereich erstaunen. Sachkundige Vorschläge für dringend gebotene Veränderungen hatten sie genug in petto. Offenbar fehlte ihnen, wie vielen Zeitgenossen in anderen Gesellschaftsbereichen der DDR – auch vielen von uns in der Wirtschaftswissenschaft –, zu lange die Courage, die Faust nicht nur in der Tasche zu ballen. Das zeigte sich zum Beispiel bei den turnusmäßigen apodiktischen Vergatterungen der »Generäle« zu Planüberbietungen durch den obersten DDR-»Wirtschaftslenker«, Günter Mittag. In der Regel geschah das im Umfeld der Leipziger Messen. Nicht selten stockten die Versammelten ihre kurz vorher von der Zentrale bestätigten Pläne mit »Selbstverpflichtungen« auf. Die Bevölkerung quittierte dieses Ritual bestenfalls mit einem Kopfschütteln, zunehmend aber mit Unbehagen. Anders war es auf der Generaldirektorentagung, die die Modrow-Regierung Mitte Dezember 1989 in Berlin einberufen hatte. Da hielt niemand der Geladenen mehr still. Kluge Vorschläge für substanzielle Veränderungen im Planungs- und Bilanzierungssystem wurden unterbreitet, alles konnte ihnen nicht rasch genug gehen. Viel Zeit aber blieb nicht für Korrekturen. Am 18. März 1990 wurde die erste Nach-Wende-Regierung abgewählt. Fortan wurden die Weichen für die Übernahme des altbundesdeutschen Wirtschaftssystems gestellt. Das Schicksal der allermeisten Generaldirektoren war alsbald besiegelt. Etliche von ihnen waren nach ihrer Entlassung – besser: ihrem Rauswurf durch die Treuhand – als Berater großer bundesdeutscher oder ausländischer Konzerne gefragt, andere gründeten erfolgreich eigene Unternehmen.

Erlebnisse und Erfahrungen dieser an der Wirtschaftsfront eines nicht auf Maximalprofit orientierten Gesellschaftssystems tätig gewesenen Berufsgruppe sind es wert, endlich gesammelt und verdichtet zu werden. Die sachliche Rückschau wird es erlauben, prüfend-selbstkritisch Erreichtes ebenso zu benennen wie nicht Gelungenes. Im Hegelschen Sinne gilt es vor allem, tragfähige Ansätze und Geleistetes vor dem Vergessen oder der Herabsetzung zu bewahren und sich mit einseitigen Urteilen, wie sie vielfach Außenstehende abgeben, auseinanderzusetzen. Diesem Pilotprojekt widmet sich das vorliegende Buch, dem eine interessierte Leserschaft in Ost und West zu wünschen ist.

Prolog

Dietrich Mühlberg

»Wer will was aus unserer jüngsten Geschichte lernen?«

Anmerkungen zu Geschichtspolitik und Erinnerungskultur

»Krise und Utopie. Was heute aus der DDR-Planwirtschaft für ein zukünftiges Wirtschaften gelernt werden kann« – so lautete die Überschrift der Tagung, die am 21. September 2012 auf Initiative des Berliner Unternehmens *Rohnstock Biografien* und des Vereins zur Förderung lebensgeschichtlichen Erinnerns und biografischen Erzählens – unterstützt von der *Rosa-Luxemburg-Stiftung* – stattfand.

Der Überschrift nach kamen wir zusammen, um herauszufinden, was von den Arbeits- und Lebenserfahrungen führender Wirtschaftslenker der DDR für künftiges Handeln bewahrenswert sein könnte. Die wohl einmalig zusammengesetzte Tagungsrunde kompetenter Zeitzeugen – zwölf ehemalige Generaldirektoren von Industriekombinaten sowie DDR-Wirtschaftsfunktionäre wirkten mit – befragten wir in vier thematischen Komplexen und einem Epilog. Was der Gedankenaustausch an Anregungen auch erbracht haben mag und wie wir diese Erfahrungen auch bewerten mögen – der erste und wohl wichtigste Schritt besteht darin, sie festzuhalten, zu dokumentieren, zu bewahren.

Im Anhang ist dazu eine ernüchternde »Bestandsaufnahme« von Isolde Dietrich wiedergegeben: »Alle schreiben Autobiografien – nur die einstige Elite der ostdeutschen Industrie nicht.« Das Symposium war der Auftakt für ein Projekt, das dies ändern soll und zugleich zwei Lücken zu schließen versucht: Zum einen fehlen in der inzwischen reichen (auto-)biografischen Literatur der Ostdeutschen die wirtschaftlichen Führungskräfte so gut wie ganz. Und zum anderen hat die reiche biografische Literatur deutscher Wirtschaftsführer eine Leerstelle: Es fehlen ihr die Ostdeutschen. Das kann nicht angehen und sollte ausgeglichen werden. Noch ist es dazu nicht zu spät.

Hinweis auf eine frühe Berufsbiografie

Von den Initiatoren der Sitzung wurde ich gebeten, für das Treffen eine Art Prolog vorzutragen – und dies als Kulturwissenschaftler, also als ein in vieler Hinsicht Fachfremder. Um mich ein wenig zu legitimieren und mein Interesse an der Sache zu begründen, möchte ich zuerst kurz erzählen, dass mich die Lebensgeschichte einer wirtschaftspolitischen Führungskraft seit meiner Kindheit außerordentlich bewegte und ihre Biografie den eigenen Lebenslauf mitbestimmt hat. Bis heute mache ich mir den Vorwurf, sie nicht beizeiten festgehalten zu haben.

Ich spreche von meinem Vater, der (wie meine Mutter) im östlichen Zentrum von Berlin in sehr »einfachen Verhältnissen« 1909 geboren wurde und neben dem heutigen Karl-Liebknecht-Haus aufgewachsen ist. Er war ein guter Schüler, kam in die Förderklasse, erhielt eine Freistelle an der Realschule, absolvierte fünf Semester Gauss-Schule und wurde Ingenieur für das Fachgebiet Kalkulation. Außerdem war er ein sehr linker Sozi: Sozialistische Arbeiterjugend, Freidenker, Naturfreunde. 1945 wurde er Ortssekretär der SPD mit Büro im Antifa-Heim. Vater und Mutter stimmten 1946 – beide SPD-Delegierte auf dem Vereinigungsparteitag von KPD und SPD – aus tiefer Überzeugung mit »Ja«. Sie zogen die Lehren aus ihrer wie aus deutscher Politikgeschichte. Für sie war es selbstverständlich, dass alles das, was mühsam wieder aufgebaut wurde, nicht denen gehören sollte, deren wirtschaftliches und politisches Handeln Deutschland ruiniert hatte. Es sollte künftig den arbeitenden Menschen gehören, Volkseigentum sein. Vater wurde Kursant Nr. 46 der SED-Parteihochschule, war dann 1948 in der *Deutschen Wirtschaftskommission (DWK)* für die Kontrolle der landeseigenen Betriebe zuständig und hatte ab Herbst 1949 im neuen *Ministerium für Planung* eine Hauptabteilung zu leiten, zu der die Bereiche Arbeitskräfte, Löhne, Soziales, Berufsausbildung, Gesundheitswesen und Kultur gehörten.

Ein gutes Jahr später bescheinigten ihm Heinrich Rau und Bruno Leuschner in einer überschwänglichen Beurteilung, was er dort alles aufgebaut habe. Sie bedauerten es sehr, dass er auf eigenen Wunsch dies Amt aufgebe. In Wirklichkeit aber war »auf Parteiebene« die FDJ-Gruppe gegen ihn mobilisiert worden, die ihn für sein »Zweifeln an der Tatkraft der Jugend« anklagte und seine Entfernung forderte. So flog er in Wahrheit (wie andere auch) wegen seiner SPD-Herkunft aus dem Ministerium und weil er 1945 drei Monate in einem Gefangenenlazarett der britischen Zone gelegen hatte. Hinzu kam, dass sein Konzept vom »progressiven Leistungslohn« der neuen Losung »Normerhöhung steigert den Reallohn« widersprach. Überdies stand der deutsche Ingenieur mit Fachgebiet Kalkulation einigen nun zur Vorschrift gewordenen Praktiken der sowjetischen »Freunde« leicht skeptisch gegenüber.

Aus dem Ministerialdirigenten der Regierung wurde der Haupttechnologe und später der Produktionsleiter des *Transformatorenwerks Oberschöneweide (TRO)*. Anschließend war mein Vater als Produktionsplaner in den *Elektro-Apparate-Werken »J. W. Stalin«* tätig. Bis in die Fünfzigerjahre hatte er Offerten des Ostbüros der SPD ebenso abzuwehren wie Anschuldigungen der eigenen Parteiführung. Freunde der Familie gingen ganz in den Westen, Vater nur zu Agitationseinsätzen – für mich war das Familienleben zugleich aufregende Politik- und Wirtschaftsgeschichte mit vielen heißen Debatten. Selbstredend habe ich kaum verstanden, wie kompliziert und eigenartig der Wiederaufbau der ostdeutschen Industrie in sozialistischer Absicht damals war.

Die Biografie meines Vaters scheint mir eine für die erste Generation der »DDR-Wirtschaftskapitäne« typische Variante zu sein (die sozialdemokratische). Heute kann ich zwar *abschätzen*, von welcher Zukunftserwartung, welchen politischen Überzeugungen und Feindbildern sie sich leiten ließen, mit welchen fachlichen Voraussetzungen und mit welchem Lerneifer Vater und seine Genossen wie auch Kollegen darangingen, das neuartige Volkseigentum zu verwalten und zu mehren. Doch hätte ich gern mehr gewusst. Insbesondere wie es geschehen konnte, dass sachorientierte deutsche Ingenieure und Ökonomen zu Sozialisten sowie Sachwaltern von Volkseigentum werden konnten.

Dieses Interesse gilt inzwischen auch der zweiten und dritten Generation der wirtschaftlichen Führungskräfte. Zwar kann ich in der Fachliteratur nachlesen, aus welchem sozialen Milieu solche Führungspersönlichkeiten kamen, welchen Bildungsweg sie gegangen sind.[1] Aber ich erfahre nicht, welche Eigenschaften, Kenntnisse, Lebensvorstellungen, Grundsätze, moralischen Prinzipien jemand haben musste, der ein solches Imperium wie ein volkseigenes Industriekombinat zum Wohle aller – sowohl der vielen Mitarbeiter als auch des Gesellschaftsganzen – zu führen in der Lage war. Welche Interessenkonflikte haben sie geprägt und welche »Innenausstattung« hat sie zu welchen Entscheidungen geführt?

Was ich heute nicht mehr kann: Mir von meinem Vater erzählen lassen, wie *er* die konfliktreichen Jahrzehnte erlebt hat, was ihm Halt gab und ihm wichtig war und worin er die Summe seines Lebens sieht – ich habe da etwas versäumt.

Dies auch, weil zu seinen Lebzeiten noch niemand von »Oral History« redete und autobiografische Verortungen auch mit dem damaligen Geschichtsbild der SED kaum zusammenpassten.

Zwar kann ich heute an seinen Anstreichungen in den Büchern von Friedrich Behrens, Friedrich Zahn, Friedrich Lenz noch irgendwie rekonstruieren, wie sich Friedrich Mühlberg einst gemüht hat, einen für die neuen Verhältnisse praktikablen Begriff von Arbeitsproduktivität zu gewinnen. Aber seine Autobiografie gibt es nicht, er starb vor vierzig Jahren als Frührentner – davor wäre noch etwas Zeit gewesen, ihm die Lebenserinnerungen nachdrücklich abzufordern. Er selbst, wie wohl die meisten seiner Genossen und Kollegen, hielt das nicht für wichtig, fühlte sich eher als Parteisoldat, der – ohne Aufhebens zu machen – einfach seine Pflicht tat. Sie alle haben wohl nicht recht realisiert, dass sie es waren, die Ostdeutschland aus dem Chaos von Zerstörung und der zu tilgenden Kriegsschuld führten, indem sie eine leistungsfähige Industriegesellschaft aufbauten.

Können wir aus »der Geschichte« lernen?

Ich selbst habe aus dieser erlebten frühen DDR-Geschichte meine »Lehren« gezogen: Ich wollte kein Ingenieur, kein Ökonom und kein Politiker werden, sondern wissen, was hinter all dem steckt, nach welchen ehernen Bewegungsgesetzen die Gesellschaft funktioniert und schrieb mich folglich zum Philosophiestudium ein.

Auf den ersten Blick schien mir in den frühen Fünfzigerjahren in der DDR alles dafür zu sprechen, dass wir im Osten aus der deutschen Geschichte das Richtige gelernt haben. Wir haben den »Irrweg einer Nation« (Alexander Abusch) verlassen und die »Lehren deutscher Geschichte« (Albert Norden) beherzigt. Was ich aber bald aus der (Philosophie-)Geschichte lernen musste: Seit ihrem Anbeginn hat es eine Debatte darüber gegeben, ob aus der Geschichte überhaupt etwas gelernt werde oder gelernt werden könne. Inzwischen ist auch die DDR Geschichte geworden – aber können wir daraus lernen? Die Überschrift unserer Tagung setzte das voraus und fragte analog: Was denn alles aus der Geschichte und speziell aus der »DDR-Planwirtschaft« gelernt werden könnte?

Für solches Lernen scheint schon zu sprechen, dass in unserer Gesellschaft recht viele Menschen ihr Brot damit verdienen, dass sie »Geschichte« als Beruf betreiben (als Wissenschaftler und Lehrer, als Archivare sowie Museumsdirektoren und vor allem als Medienmacher). Sie alle wollen andere etwas aus »der Geschichte« lernen lassen. Ihr Eifer kann stutzig machen und trägt wohl dazu bei, dass sich zugleich die Auffassung hält, dass niemand etwas aus der Geschichte gelernt habe oder lernen könne. Schon der Aufklärer Voltaire hat es knapp gesagt: »Geschichte ist die Lüge, auf die man sich geeinigt hat«. Nicht ganz so zugespitzt formuliert, könnte man auch sagen: »Die Geschichte« überhaupt ist das, was die Menschen meinen, aus der Vergangenheit gelernt zu haben.

Wer macht »die Geschichte« mit welcher Absicht?

Der von Voltaire unterstellte Konsens ist nicht wirklich übergreifend und auch nicht dauerhaft. Denn die »aufgearbeitete Vergangenheit«, »die Geschichte« – oder besser: das Geschichtsbild –, ist nicht mehr und nicht weniger als das, was Menschen aufgrund ihrer sozialen Position aus ihr lernen wollen oder lernen können. Der Blick auf das Vergangene ist nach sozialer Stellung, politischer Position, nach kulturellem Milieu, nach dem eigenen Gesellschaftsbild usw. recht verschieden. Und »Geschichte« ist dann genau das, was man jeweils meint, gelernt zu haben: Eben das, was man sich zurechtgelegt hat, um sein aktuelles oder zukünftiges Handeln (oder seine Absichten) zu legitimieren, zu begründen. Oder einfach das, was man braucht, um seine Vorurteile zu bestätigen.

Wir haben das am Umgang mit der jüngsten Vergangenheit der Ostdeutschen alle erlebt. Ausdrücklich und durch Parlamentsbeschluss bekräftigt, sollte »Geschichte« dem sozialistischen Versuch die Legitimation absprechen, ihn als SED-Herrschaft delegitimieren. Und so ist es auch geschehen. Das offizielle Geschichtsbild – von der historischen Forschung bis zur Erinnerungsindustrie – hat die DDR als Unrechtsstaat, als zweite deutsche Diktatur mit maroder Wirtschaft gezeigt. Doch »Aufarbeitung der SED-Diktatur« klingt nicht nur wie eine Kampfparole in volkspädagogischer Absicht. Es sagt zugleich, dass viele Zeitgenossen die Vergangenheit offenbar »noch falsch«, augenscheinlich anders sehen, dass auch aus anderen Perspektiven auf die Geschichte der deutschen Teilung geblickt wird.

Jedenfalls kann diese Art der »Aufarbeitung« nicht erklären, wie und warum die Geschichte der deutschen Industriegesellschaft so und nicht abweichend verlaufen ist, wie die beiden über vierzig Jahre konkurrierenden deutschen Staaten aus der widersprüchlichen Geschichte dieser deutschen Industriegesellschaft hervorgegangen sind, sie auf verschiedene Weise fortsetzten und nach 1990 als ein deutlich verändertes Gebilde zusammenkamen. Eine nun vereinigte Gesellschaft – immer noch in dieser Tradition und immer noch mit den inneren Widersprüchen, die einst zur Gründung eines Alternativversuchs geführt haben.

Die Vergangenheitserklärer bilden Lager

Es liegt auf der Hand: Was vom Staatssozialismus und von der DDR-Planwirtschaft zu lernen wäre, hängt von der Interessenlage des Betrachters ab. Wenn angesichts der Bankenkrise auf den »Staatssozialismus« geblickt wird, dann könnten dessen Erfahrungen die Vorstellung stützen, dass der Staat die Finanzwirtschaft regulieren und sich selbst als dirigierendes Instrument begreifen müsse. Das Spektrum reicht hier von der Erinnerung an Lenins Nationalisierung der Banken bis hin zu Merkels zaghaften regulierenden Eingriffen (aber offenbar zugunsten des Finanzkapitals). Es kann auch das Gegenteil aus der DDR-Geschichte gelernt werden: Der Staat müsse sich in diesem Punkt heraushalten, denn er kann die Finanzmärkte ohnehin nicht kontrollieren. Er soll überhaupt nichts Wirtschaftliches planen und regulieren, denn planwirtschaftliche Systeme brechen bekanntlich zusammen.

Aber vielleicht kann da heute gar nichts gelernt werden, weil es in der DDR gar keinen Finanzmarkt gab und sie im Kern eine »Produktionsgesellschaft« war? Und – noch wichtiger – weil der größte Teil des produktiven Vermögens staatlich verwaltetes Gemeineigentum war – neben dem genossenschaftlichen und dem verbliebenen Privatbesitz. Völlig andere Verhältnisse also, nichts davon übertragbar in die Gegenwart.

Was wir erhoffen

Doch unsere Tagungsüberschrift war hoffnungsvoll, sie rechnete nicht mit heute, nicht mit Merkel, *Deutsche Bank* und einem Rösler, sondern fragte, was für ein »zukünftiges Wirtschaften« gelernt werden könnte. Wer jedoch wird da zukünftig wirtschaften und lernbegierig nach Anregungen bei seinen Vorläufern suchen?

Es ist schon klar, dass die Strategen der »Zockerbuden«, wie Sarah Wagenknecht so abwertend die Superbanken nennt, dass die profitorientierten Finanzmanager nichts für sie Brauchbares aus der DDR-Wirtschaftsgeschichte lernen können. Vielmehr dient diese Geschichte ihren politischen, medialen und wissenschaftlichen Zuträgern nur als Exempel für die Sinnlosigkeit radikaler, alternativer Programme und als Bestätigung bestehender Verhältnisse.

Unser Blick auf die Vergangenheit hängt davon ab, wie wir die Gegenwart wahrnehmen und welche Zukunftserwartungen wir haben. Und da sind wir ganz optimistisch und vermuten, dass künftig nicht die Finanzmanipulateure, sondern am Gemeinwesen orientierte Strategen der Realwirtschaft den Ton angeben werden, die eine solidarische sowie nachhaltige Ökonomie anstreben. Sie werden dann auch auf andere geschichtliche Erfahrungen zurückgreifen als allein am Gewinn orientierte Profitjäger. Wahrscheinlich werden sie alle früheren Akteure gemeinschaftlichen und bedürfnisorientierten Wirtschaftens zu ihren Vorläufern im Geiste zählen. Darum könnte es Sinn machen, deren Tun und Lassen als geschichtliches Wissen zu bewahren.

Woher unser Optimismus?

Ist unsere optimistische Erwartung begründet? Vielleicht schon. Wir fühlen ja, dass wir am Anfang einer »Übergangskrise« stehen und dass der »Kapitalismus, wie wir ihn kennen« (Elmar Altvater), sie wohl nicht meistern wird. Dass also Praktiken sich als nötig erweisen, die so gar nicht zu dem heutigen Finanzmarkt-Kapitalismus passen. Und da sollten wir in der ostdeutschen Geschichte auf Fingerzeige stoßen.

Nun war die DDR gewiss nicht die Welt, aber im Winzigkleinen stand sie vor sehr ähnlichen »Problemen«. Denn heute ist ja auf zunehmende Ressourcenknappheit zu reagieren wie desgleichen auf den Rückgang der Arbeitskräfte. Selektives Wachstum ist ebenso angesagt wie der Rückgriff auf regional Verfügbares. Den ökologischen Herausforderungen, der Gefährdung unseres Lebensraumes muss begegnet werden und zugleich muss mit den wachsenden zivilisatorischen Ansprüchen der Menschen in den aufstrebenden Weltgegenden gerechnet werden. Wir brauchen wirksame Konzepte, um der anschwellenden sozialen Ungleichheit zu begegnen und den sozial Abgehängten in Europa ein anständiges Leben zu ermöglichen. Die Konflikte drängen, uns darüber zu verständigen, wie wir unseren Planeten lebenswert erhalten können und wie wir unser Verhalten entsprechend einrichten. Das erinnert mich an die knappste Definition, die Marx für den Kommunismus gegeben hat: Er ist eine Vereinbarung über die gemeinsam zu befriedigenden Bedürfnisse.

Wie schwierig es ist, eine solche Übereinkunft herzustellen, zeigt die »Geschichte des realen Sozialismus«. Und die wird zu einem spannenden Erfahrungsfeld, wenn nicht mehr auftragsgemäß erforscht wird, warum Sozialismus unmöglich ist, sondern gefragt wird, wie eine solche »Vereinbarung« mehr oder weniger erfolgreich praktiziert worden ist. Dann ist das eigentlich Spannende (und zu Bewahrende) der Erfahrungsschatz, den die Ostdeutschen in die gemeinsame Geschichte eingebracht haben. Gerade mit den Lebensgeschichten der »Wirtschaftskapitäne« könnte es gelingen, die Versuche zu alternativem, solidarischem und gemeinwohlorientiertem Wirtschaften festzuhalten. Beispielhaft könnte ihr schöpferischer Umgang mit den vielen grenzziehenden Sachzwängen sein, ihr Verständnis von dem, was Marx »die Selbstregierung der Produzenten« genannt hat.

Daher sind meines Erachtens, wie eingangs erwähnt, als zukunftsweisende Kernfragen zu stellen: Wie haben sich die sachorientierten deutschen Ingenieure und Ökonomen als Sozialisten und Sachwalter von Gemeineigentum verstanden? Welche Handlungsantriebe ließen sie jenseits profitorientierten Wirtschaftens so aktiv werden? Welche Lebensvorstellungen, Grundsätze, moralischen Prinzipien mussten diejenigen haben, die ein solches Gebilde wie ein volkseigenes Industriekombinat im Interesse aller – sowohl der vielen Mitarbeiter als auch des Gesellschaftsganzen – zu führen in der Lage waren? Welche Interessenkonflikte haben sie geprägt und welche »Innenausstattung« hat sie zu welchen Entscheidungen geführt? Vielleicht hat ihr sozialistisches Wirtschaften subjektive Qualitäten freigelegt, die aktuell oder zukünftig unbedingt gebraucht werden?

Für die Auflösung der Systemkrise liegen bekanntlich recht unterschiedliche Angebote vor, aber alle haben eine starke historische Komponente. Am ganz linken Flügel wird das Credo des vor fünfhundert Jahren vom Adel besiegten Bauernheeres aufgenommen: »Geschlagen ziehen wir nach Haus, unsere Enkel fechten's besser aus.« Die spätere Revolutionsgeschichte wird ausgewertet und daraus geschlossen, dass nach den beiden gescheiterten Versuchen von Pariser Kommune und Oktoberrevolution nun der dritte Anlauf fällig sei. Nicht alle an Marx orientierten Neuerer mögen ihn so revolutionär interpretieren und dabei gar an die Diktatur des Proletariats erinnern, sondern setzen auf eine schrittweise Einhegung profitorientierten Wirtschaftens durch jene alternativen Kräfte, die praktikable Lösungsvorschläge für den Umgang mit den grenzziehenden Sachzwängen haben. So oder so könnte sich die Marxsche Voraussage bestätigen: »Die Selbstregierung der Produzenten wird die Profitwirtschaft durch Gemeinwirtschaft ersetzen.«

Selbstverständlich wissen wir nicht, wie es ausgehen wird und ob sich tatsächlich gemeinwirtschaftlich orientierte Kräfte durchsetzen werden. Ungünstig wäre es in jedem Falle, wenn dann frühere Versuche einer alternativen Ökonomie und konformen Wirtschaftens aus dem sozialen Gedächtnis verschwunden wären. Darum ist es verdienstvoll und ein adäquater Beitrag zur deutschen Erinnerungskultur, wenn diejenigen, die das unter ihren speziellen – und in dieser Art und Konstellation ganz sicher nicht wiederkehrenden – Bedingungen erprobt haben, zu Worte kommen und ihre Erfahrungen in Gestalt ihrer Lebensgeschichte festgehalten werden. Dazu könnte das mit der Tagung eröffnete Projekt einen würdigen Beitrag leisten.

Der Plan und das Kombinat – Potenziale und Grenzen

Franz Rudolph

Ich wurde 1943 geboren, erlernte den Beruf des Maschinenbauers und übte ihn einige Jahre aus. Nach meinem Studium der Politischen Ökonomie in Leipzig arbeitete ich von 1975 bis 1984 im Zentralinstitut für sozialistische Wirtschaftsführung beim ZK der SED (ZISW). *In der Arbeitsgruppe »Analyse und Kritik des Managements« befasste ich mich mit westdeutscher Unternehmensführung und Wirtschaftspraxis. Die Forschungstätigkeit in diesem vertrauten Kreis mit nur drei Mitarbeitern machte mir großen Spaß. Aber 1980 kam Helmut Koziolek, der Institutsdirektor, auf mich zu und meinte: »Die Front liegt jetzt woanders! Du musst in die Abteilung Wirtschafts- und Leitungsorganisation wechseln.« Im Zentrum standen nunmehr die Kombinatsgründungen. Nach einem Streit über die Bildung bezirksgeleiteter Kombinate ging ich 1984 an die* Hochschule für Ökonomie Berlin (HfÖ) *zu Christa Luft in das Weiterbildungsinstitut für Außenwirtschaft, zu dessen letztem Direktor ich im Herbst 1989 berufen wurde. 1990 gründete ich mit Freunden und Kollegen eine Unternehmensberatung. In den letzten zwanzig Jahren war ich vor allem in der sächsischen Textilindustrie als Berater, Projektleiter und Unternehmer tätig.*

Kombinate – moderne Wirtschaftseinheiten oder formale Gebilde?

Beginnen möchte ich mit einer Begebenheit aus der Wendezeit: Im Januar, März und Mai 1990 war ich von einer westdeutschen Personalberatung eingeladen, Vorträge zum Thema »Stärken und Schwächen von Führungskräften der DDR-Wirtschaft« in einigen westdeutschen Städten zu halten. Dieser Aufforderung kam ich gern nach. Das Publikum bestand hauptsächlich aus Managern von Großunternehmen der jeweiligen Region.

Im Januar im Gobelinsaal des renommierten Hamburger Hotels *Vier Jahreszeiten* herrschte eine großartige Stimmung, die Atmosphäre war grandios! Wir lagen uns in den Armen, manche hatten Tränen der Rührung in den Augen und sagten: »Ist ja ganz wunderbar. Das haben wir gar nicht gewusst, dass ihr solche tollen Leute habt und wie die Verhältnisse bei euch waren. Gemeinsam packen wir das, ganz bestimmt!« Zwei Monate später in Düsseldorf schlug mir eine andere Gemütsverfassung entgegen: sehr kühl, distanziert, kritisch. Abermals zwei Monate später – im Mai, im hessischen Frankfurt – hatte ich zu tun, dass ich heil herauskam. Da rief einer durch den Saal: »Ihr gehört alle in den Knast. Du auch! Ihr habt uns das Ganze eingebrockt.« So hatte sich innerhalb kurzer Zeit die Stimmung gewandelt. Seitdem sind 23 Jahre ins Land gegangen – fast ein Drittel meines bisherigen Lebens. Bereits vor diesen Ereignissen beschäftigte mich die Frage: Warum bildete man in der DDR Kombinate und was haben sie gebracht?

Zur Grundidee der Kombinate

Einer der geistigen Väter der Kombinatsbildung war Claus Krömke, Vorzimmerchef von Günter Mittag, dem ZK-Sekretär der SED für Wirtschaftsfragen und damit federführender Mann der DDR-Wirtschaft in der Honecker-Ära.

Auf einer Konferenz der *Rosa-Luxemburg-Stiftung* im Jahr 2006 konstatierte Claus Krömke: Anlass der Kombinatsbildung in der DDR »waren die Entwicklungen der kapitalistischen Industrie. Deren Organisation war geprägt von großen Konzernen und von sich in immer größer werdenden Dimensionen permanent vollziehenden Konzentrationsprozessen.« Mich erstaunte diese Nachbetrachtung. Die Schlussfolgerung, dass man in der DDR Kombinate gegründet hatte, weil es im Kapitalismus große Gesellschaften gab, halte ich für fragwürdig. Denn die Rolle der Unternehmen in einer Marktwirtschaft ist eine andere als im Sozialismus: Aufgrund des privaten Eigentums ist im Kapitalismus ein Konzern autonom. Jeder Unternehmer kann im Rahmen der Gesetze selbst entscheiden, welche Produkte und Leistungen er anbietet, wie er das Unternehmen führt, wie er die Preise kalkuliert.

Im sozialistischen System hingegen ist jeder Betrieb als ein Teil des ganzen Gefüges zu betrachten. Anders ausgedrückt: Es ist Volkseigentum und unterliegt somit primär volkswirtschaftlichen Bedingungen und Entscheidungen. Das bedeutet, dass die juristischen Organisationsformen der Wirtschaft – Kombinate und VEB – immer als Ergebnis zentraler, staatlicher Beschlüsse gebildet oder auch aufgelöst werden.

Schaut man auf die Geschichte, so vollzogen sich die Konzentrationsprozesse, die Ballungen von wirtschaftlicher Macht durch den Zusammenschluss von Unternehmen zu größeren Unternehmen, immer in Wellen.

Wer die marxistische Imperialismustheorie von Lenin aus den Jahren 1916/17 kennt, erinnert sich vielleicht, dass auch hier schon eine Konzentrationswelle beschrieben wird. Die Komprimierung erfolgte *horizontal.* Das meint: Gleichartige Betriebe – auf der gleichen Produktionsstufe und demselben sachlich relevanten Markt – schlossen sich zusammen. In den

1920er Jahren gab es eine *vertikale* Unternehmensakkumulation: Betriebe, die auf ineinandergreifenden Produktionsstufen tätig waren, vereinigten sich. Die Sechziger- und Siebzigerjahre waren geprägt von *diagonalen* Zusammenschlüssen: Firmen verschiedener Produktionsstufen und Branchen fusionierten. Es entstanden regelrechte Konglomerate, die aber nach wenigen Jahren wieder auseinander fielen.

Letztere Form der Unternehmensbündelung konnten sich die sozialistischen Staaten nicht zum Vorbild nehmen. Nicht nur in der DDR, auch in anderen sozialistischen Ländern sind große Wirtschaftseinheiten gebildet worden. Aber nie so absolut, die gesamte Wirtschaft umfassend, wie in der DDR.

Was waren aber die wissenschaftlich-theoretischen Grundlagen unserer Wirtschaftsgestaltung? Dies würde jetzt einen längeren Exkurs erfordern. Nur soviel: Karl Marx sprach nicht von einem »Gesetz der Konzentration«. Bei Lenin taucht zwar diese Formulierung auf, gemeint ist aber der Übergang vom Handwerk zur kapitalistischen Industrie. In den politökonomischen Lehrbüchern stand, dass im Kapitalismus die Konzentration und Zentralisation unaufhaltsam voranschreitet, die kleinen mittelständischen Unternehmen irgendwann aussterben und dass dieser Prozess vom technischen Fortschritt verursacht wird. Die reale Entwicklung hingegen ist vor allem in den letzten vierzig bis fünfzig Jahren – aber auch schon zuvor – abweichend verlaufen. Karl Marx beschrieb tatsächlich einen direkten Zusammenhang zwischen dem technischen Fortschritt und der Betriebsgröße. Am Beispiel der damals als »Zentralmotor« dienenden Dampfmaschine zeigte er, dass mit steigender Leistungsfähigkeit des Motors auch die Zahl der über Transmissionsriemen angetriebenen Maschinen und damit auch die Fabrikgröße wächst. Dieser Zusammenhang gilt aber nur für die historisch kurze Zeit des »Zentralmotors«. Die Dezentralisierung der Antriebstechnik durch den Elektromotor hat diese Kausalität nicht nur aufgehoben, sondern

sogar die Existenzgrundlagen von Handwerkern und Kleinunternehmen stark begünstigt.

Diesen widersprüchlichen Prozess der Konzentration und
Zentralisation auf der einen Seite und der Fragmentierung und
Differenzierung auf der anderen Seite hat Marx als *Attraktion*
und *Repulsion* des Kapitals bezeichnet. Wie wir generell die
dialektische Denkweise vernachlässigt haben, so gilt dies hier
im besonderen für das Wechselverhältnis von Produktivkräf-
ten und Produktionsverhältnissen.

Die größte Dynamik dieses Prozesses der Attraktion und
Repulsion konnten wir in den letzten vierzig bis fünfzig Jahren auf dem Gebiet der Informations- und Kommunikations-
technik beobachten. Davon zeugt wiederum vor allem die Ge-
schichte des Silicon Valley, angefangen von der Erfindung des
Transistors bis zu den heute dort ansässigen Firmen wie *Advan-
ced Micro Devices (AMD)*, *Apple*, *Cisco Systems*, *Hewlett-Packard*,
Intel, *eBay*, *Facebook*, *Google* und viele mehr. Nicht *alteingesessene*
Konzerne oder Monopole waren die Motoren dieser Entwick-
lung, sondern *neu gegründete* Firmen. So registrierte man in der
Region Santa Clara allein im Jahr 1982 insgesamt 5.600 neue
Unternehmensgründungen.

Aus heutiger Sicht drängt sich die spekulative Frage auf, welche wirtschaftsorganisatorischen Formen wir gebildet hätten,
um die aktuellen Herausforderungen der Digitalisierung und
des Internets zu meistern? Oder mit anderen Worten: Hätten
wir ein *Google-* oder *Facebook*-ähnliches Kombinat gebildet?

Die DDR-spezifische Verwirklichung

Rückblickend muss man feststellen, dass wir bezüglich der
Kombinatsbildung über keine hinreichenden wissenschaftlichen Grundlagen verfügten. Dennoch war die Kumulation
leistungsfähiger Potenziale in großen Wirtschaftseinheiten ein
richtiger Schritt, um die DDR-Industrie zu profilieren und zu

stärken. Diese Feststellung kann jedoch nur für eine begrenzte Zahl an Kombinaten gelten. Die Entwicklung der Produktivkräfte wurde meines Erachtens durch den an militärische Organisationsformen erinnernden Schematismus behindert. Das betrifft vor allem

· die flächendeckende Strukturierung der zentralgeleiteten Industrie in Kombinate,
· die Bildung von bezirksgeleiteten Kombinaten nach dem Muster der zentralgeleiteten Vorbilder,
· die einheitlichen Vorgaben zur Gestaltung der Produktionsstrukturen (eigener Rationalisierungsmittelbau, eigene Zulieferproduktion, Produktion von Konsumgütern im Umfang von mindestens fünf Prozent des Umsatzes etc.),
· die Richtlinien zur Führungsorganisation (Leitung über den Stammbetrieb, Verbot von Zwischenleitungsebenen zwischen Kombinat und volkseigenen Betrieben etc.).

Sicher könnten wir alle über Günter Mittag schimpfen. Viele haben sich nach der Wende ihren Frust von der Seele geschrieben, auch Leute, die in führenden Stellungen waren. Beispielsweise Carl-Heinz Janson, der über zwanzig Jahre lang Abteilungsleiter im ZK der SED und somit Günter Mittag direkt unterstellt war. Sein 1991 erschienenes Buch *Totengräber der DDR. Wie Günter Mittag den SED-Staat ruinierte* dokumentiert seine Verdrossenheit darüber, dass er fünfundzwanzig Jahre in diesem System und unter dem mächtigen Mann gearbeitet hat. Für diese Art von Frustration habe ich kein Verständnis. Wir haben alle unseren Beitrag geleistet und das System mitgetragen. Zudem meine ich, dass wir nicht alles tun mussten, was vermeintlich gefordert war. So kannte ich beispielsweise Wissenschaftler, die sich am Frühstückstisch über die »blödsinnige« Konsumgüterproduktion ausließen, aber dann befürwortende wissenschaftliche Artikel dazu verfassten.

Anfang der Achtzigerjahre kam Manfred Beier, Generaldirektor des *VEB Kombinat Trikotagen*, zu mir. Er wollte sein Kombinat in acht Geschäftsbereiche – Mützen, Schals, Handschuhe, Obertrikotagen, Miederwaren, Unterwäsche etc. – untergliedern und für jede Sparte einen Leitbetrieb einsetzen. Zur Gründung bestand das Kombinat aus 158 volkseigenen Betrieben und rund 900 Produktionsstätten.

Für die Konzipierung dieser Organisationsstruktur wollte sich Manfred Beier von westlichen Unternehmen anregen lassen. So stießen wir auf das rasant wachsende Unternehmen *Benetton*. Die italienische Textilfirma hatte ihre Strukturen so gestaltet, dass von den eigenen Ladengeschäften täglich die aktuellen Verkäufe erfasst und darüber die gesamte Wertschöpfungskette gesteuert wurde. *Benetton* wurde damit zum Vorreiter für andere Konsumgüteranbieter wie *H&M*, *Zara* oder *Esprit*. Manfred Beier und ich mussten feststellen, dass wir mit den Organisationsformen in der DDR meilenweit von dieser modernen Ausrichtung entfernt waren.

Auch für das Kombinat Trikotagen galt dann der Beschluss, die Leitung über den Stammbetrieb – der formell ausgewählt wurde – durchzusetzen. Da alle Betriebe dem Generaldirektor direkt unterstehen mussten, blieb nur die Aufgabe, die Zahl der volkseigenen Betriebe zu reduzieren. Am Ende der DDR waren von ehemals 158 noch 36 übrig. Die Anzahl der Produktionsstätten blieb mit rund 900 unverändert.

Dieses Beispiel zeigt, dass es sich bei vielen Kombinaten tatsächlich um formale Gebilde handelte. Eine Reihe von Kombinaten hatte eine zukunftsfähige Struktur, aber die Mehrheit meines Erachtens nicht.

Ein letztes Gespräch mit Rohwedder

Bei einer Veranstaltung des noch bestehenden *Kulturbundes der DDR* kam es 1990 – wenige Monate vor seiner Ermordung –

zu einer Diskussion mit Detlev Karsten Rohwedder über die Kombinate. Ich erklärte ihm, warum unsere Kombinate überwiegend horizontal gebildet wurden, wie sie entstanden und was ich als problematisch betrachtete. Er hörte aufmerksam zu. »Das ist außerordentlich interessant, was Sie sagen. Dieses Gespräch müssen wir fortsetzen!« Er verabschiedete sich von mir mit den Worten: »Wir können den Prozess der Umstrukturierung der DDR-Wirtschaft nur schaffen, wenn wir gegenseitig zuhören und wir voneinander lernen.« Leider habe ich solch einen Satz von einem westdeutschen Manager oder Politiker in der Folgezeit nie wieder gehört.

Eckhard Netzmann

In eine Lehrerfamilie 1938 hineingeboren, absolvierte ich mit vierzehn eine Lehre als Werkzeugschlosser. Im Alter von zwanzig Jahren erlangte ich den Ingenieursabschluss auf dem Gebiet der Umformtechnik. Nach dem Studium arbeitete ich zwanzig Jahre im VEB Schwermaschinenbaukombinat »Ernst Thälmann« (SKET) *in Magdeburg. Dort schloss ich 1966 mein Fernstudium an der* Technischen Universität Dresden *als Diplom-Ingenieur ab. Meine Laufbahn im SKET gliederte sich in vier Hauptetappen: Ich begann als Technologe, arbeitete dann als Chef des Walzwerkbaus, später als Werkdirektor im Zementanlagenbau in Dessau und schließlich bis 1979 in der Position des Generaldirektors. Darauf folgten vier Jahre als stellvertretender Minister für Schwermaschinen- und Anlagenbau – sie endeten 1983 »misslich« mit der fristlosen Entlassung.*

Nach einem Tag Arbeitslosigkeit ging ich zum VEB Kombinat Kraftwerksanlagenbau *in Berlin. Hier war ich zunächst Mitarbeiter für Planung und Bilanzierung (zuständig für Feuerungsroste und Mannlochklappen), dann Leiter des Dampferzeuger- und Feu-*

erungsanlagenbaubetriebes. Mein Chef, Generaldirektor Manfred Dahms, hielt die Hände schützend über mich. Ich wurde sein Stellvertreter und erhielt 1987 den Auftrag, als Sonderbevollmächtigter das letzte Kernkraftwerk der DDR, »Block V«, in Greifswald ans Netz zu nehmen.

Nach der Wende wurde der Engineering-Bereich des Kombinates Kraftwerksanlagenbau in eine der größten ostdeutschen Aktiengesellschaften umgewandelt. Ich leitete diese als Vorstandsvorsitzender. Zwei erfolglose Privatisierungen veranlassten mich zu gehen.

Von 1999 bis 2006 arbeitete ich in Personalunion als Vorstandsvorsitzender der Riesaer Beteiligungs AG und als Geschäftsführer von sechs der AG unterstellten GmbHs.

Seit 2007 bin ich als selbstständiger Unternehmensberater tätig, was in etwa ein Drittel bis die Hälfte meiner Zeit in Anspruch nimmt. Meine Freizeit widme ich meiner Frau, unseren Enkelkindern, dem Garten, den Kaninchen und dem Handball sowie einer altersgerechten sportlichen Aktivität.

Der Versuch war nicht umsonst

Was haben die sogenannten »Verlierer« oder gar »Versager« heute noch zu sagen? Was habe ich noch zu sagen? Das ist ein Thema, das fast jeden von uns, die wir einst mit der DDR-Wirtschaft zu tun hatten, umtreibt. Was haben wir der Gesellschaft gegeben? Was bleibt von uns?

In den Fünfziger- und Sechzigerjahren waren wir mit der enthusiastischen Vorstellung angetreten: Wir bauen eine bessere, humanere Gesellschaft. Wir ziehen unsere Lehren aus der Geschichte.

Doch das Rad der Geschichte hat sich weiter gedreht. Aus heutiger Sicht scheint *vieles*, was wir in der DDR schufen, umsonst gewesen zu sein. Der Versuch war es nicht! Das ist meine Grundauffassung. Ich bin sogar sicher: Einiges wird wieder an Bedeutung gewinnen. Mehrmals am Tag gehe ich in den Schuppen auf meinem Grundstück. Dort hängen Hammer und Sichel, darunter ein Messingschild, in das ich Folgendes eingraviert habe: »Der Versuch war nicht umsonst, auf *vieles* wird man zurückkommen!«

Blicke ich auf mein bewegtes, aktives und intensives Leben zurück, denke ich, es war Glück, im Anlagenbau beschäftigt gewesen zu sein. Die Walz- sowie Kabelwerke, Krane, Verseilmaschinen, Zementanlagen und andere Ausrüstungen des Schwermaschinenbaus, die wir errichteten, stehen noch heute. Viele von ihnen werden uns überleben. Es sind gut funktionierende Maschinen und Anlagen, mit denen wir zum Teil auch im internationalen Wettbewerb gewannen und die nicht nur aufgrund von Vereinbarungen der *Staatlichen Plankommission* (SPK) oder des *Rats für gegenseitige Wirtschaftshilfe (RGW)* gebaut wurden. Vielmehr bildeten technische und wirtschaftliche Leistungsparameter die Grundlage für die – zuweilen mühsame – Realisierung.

Kombinatsbildung – Kein Gigantismus

Als »Mann der Wirtschaft« ist für mich die Problematik der Kombinatsbildung rückblickend eines der grundlegendsten, aber auch spannendsten Themen der DDR-Geschichte.

Ich erinnere mich, dass wir, die leitenden Direktoren, Mitte der Sechzigerjahre gefragt wurden, welche Optimierung in der horizontalen und in der vertikalen Arbeitsteilung notwendig ist, um ein Kombinat zu erhalten, das lenkbar und besser ist, als es früher der Stammbetrieb allein war.

Das Ziel war, ein geschlossenes großes Potenzial zu schaffen, um konstruktive, verfahrens- und anlagentechnische (systemtechnische) Lösungen in Maschinen und Anlagen umzusetzen, die beim Anwender am Markt gefragt sind und die wir im internationalen Wettstreit erfolgreich realisieren können.

Im Thälmannwerk, das Stammbetrieb des SKET wurde, waren neben den Finalprodukten – Walzwerke, Zementanlagen, Kabel- und Verseilmaschinen, Krane, Zerkleinerungsmaschinen, Ölmaschinen – auch Kapazitäten für Stahl- und Grauguss sowie Schmiede- und Schweißteile vorhanden.

Die notwendigen Ergänzungen zu einem Optimum waren überschaubar: Ein Engineering- und Anlagenbaubetrieb, der als Generalauftragnehmer fungieren konnte, ein großer Montagebetrieb, ein Betrieb für die Produktion von Ziehmaschinen als Bindeglied zwischen Walzwerk und Kabelwerk sowie die Integration von Betrieben mit gleichem Produktportfolio wie das Thälmannwerk.

Uns trieb kein Gigantismus, soviel ist sicher. Per se kann die Kombinatsbildung nicht als gut oder schlecht betrachtet werden. Vielmehr ist es notwendig, zwischen den verschiedenen Kombinaten zu differenzieren. Einige waren in der Tat nahezu unlenkbar. Das lag zum Teil an einer Vielzahl von Betrieben, die in keine sinnvolle Hierarchie passten, aber auch an dem

Grundsatz: Das Kombinat soll optimal strukturiert sein *und* die volkswirtschaftliche Arbeitsteilung effektiv nutzen.

Beim SKET erfolgte die Umwandlung zum Kombinat in den Jahren 1969/70 außerordentlich klug. Hier existierten bessere Bedingungen als anderswo, allein durch die Größe des vorhandenen Stammbetriebes mit 13.000 Werktätigen. Aber auch andere Faktoren erwiesen sich als günstig wie die Zusammenarbeit mit Universitäten und Hochschulen, zum Beispiel der *Technischen Hochschule Magdeburg*, oder die gewachsenen Außenwirtschaftsbeziehungen.

Aus meiner Sicht war die Kombinatsgründung ein vernünftiges Unterfangen. Wir schufen in unseren Kollektiven viel Bleibendes – geplant mit vernünftiger Zielstellung, Analyse und Systematik bis hin zur Fortschrittskontrolle.

Ohne solche strategischen Überlegungen ist auch heute kein Unternehmen zu lenken. Es gelang uns, große komplexe Anlagenprojekte zu realisieren, Sanierungen zu konzipieren und erfolgreich umzusetzen, strukturelle Veränderungen sinnvoll einzubinden und ein konstruktives und respektvolles Miteinander zu organisieren. Darauf können wir stolz sein.

Doch auf Dauer sah ich ein Problem: Der aus der Kombinatsbildung erwachsene Monopolismus behinderte die Produktivität. Denn: Wo der Wettbewerb fehlt, wachsen dicke Ärsche.

Wir waren zum Teil hilflos im Kampf um eine ausreichende Arbeitsproduktivität. Die mangelnde Intensität wohnte dem System inne. Hinzu kamen die hohen Sozialaufwendungen, die uns nahezu fünfundzwanzig Prozent an Arbeitsproduktivität kosteten.

Unterm Strich hatten wir jedoch mit der Kombinatsbildung industrielle Cluster geschaffen, die – eine weitsichtigere und klügere Politik der *Treuhandanstalt (*THA*)* vorausgesetzt – zur Stärkung des gesamtdeutschen Wirtschaftspotenzials und zur Verringerung des West-Ost-Gefälles hätten beitragen können.

Planwirtschaftlicher Starrsinn versus persönlicher Einsatz

Ohne den persönlichen Einsatz Einzelner und einer Herangehensweise, die zuweilen jenseits von planwirtschaftlichen Vorgaben lag, wäre uns manches nicht gelungen:

Es war im Jahr 1971. Ich wurde von einem Tag auf den anderen aufgefordert, zum *VEB Zementanlagenbau Dessau* zu gehen. Der Betrieb, dem ich als neuer Werkdirektor vorstehen sollte, gehörte zum SKET und lief Gefahr, seinen Ruf zu ruinieren. Er stand im Fegefeuer der Kritik – zu Recht: Ich war als verantwortlicher Direktor des DDR-Zementanlagenbaus zugegen, als unser polnischer Vertragspartner eine unserer Anlagen in Betrieb nahm. An diesem Tag ging kein Wind, doch der Staub stieg kerzengrade in den Himmel auf und kam als Flockenteppich zurück. Nicht nur das, auch die erwartete Leistungskraft der Anlage wurde nicht erreicht. Ein anwesender polnischer Minister stellte sarkastisch fest, dass wir keine »staubfreie Zementfabrik, sondern eine zementfreie Staubfabrik« geliefert hätten. Wer so etwas öffentlich vorgeworfen bekommt, wünscht sich, der Boden unter seinen Füßen möge sich auftun und er könne darin versinken. Was tun? In meiner Not sagte ich den Polen zu, dass wir die Zementanlage in kurzer Zeit nachbessern würden. Wir legten noch vor Ort die technischen Maßnahmen dafür fest, die vorher in Dessau erarbeitet wurden, und ich unterschrieb ein Protokoll, wonach die DDR für acht Millionen NSW-Importmittel (das heißt, Devisen für Einfuhren aus dem nichtsozialistischen Wirtschaftsgebiet) die Anlage rekonstruieren würde.

Wieder daheim, trat ich den Gang nach Canossa an. Ich musste meinem Chef Ernst Hoberg die von mir eigenmächtig gegebene Zusage an die Polen beichten. Gleich im ersten Redeschwall bemühte ich mich, seiner Verärgerung Einhalt zu gebieten: »Wir können es nicht mehr ändern, ich habe es unterschrieben. Es ist der einzige Weg, das seit Jahren bestehende Problem der großen Überschreitung der Grenzwerte für Staubaustritt in die Umwelt zu lösen. Wir haben eine Lösung gefunden, aber die hat ihren Preis.«

Ernst Hoberg schaute mich streng an, aber akzeptierte mein Vorgehen. Wer ihn kennt, weiß: Er hat nie viel Aufhebens gemacht. Der 1913 geborene unternehmerische Geist war mein Vorgänger als Generaldirektor beim SKET. Ernst Hoberg hat mir vertraut, mich gefördert und war lebenslang mein Mentor. Er war bekannt als passionierter und engagierter Anhänger des Magdeburger Fußballs und trug dazu bei, den *1. FC Magdeburg* zu einem Spitzenverein der DDR zu etablieren. Von 1969 bis 1978 stand er an der Spitze unseres Schwermaschinenbaukombinats und ermöglichte vieles, das über den üblichen Rahmen hinausging. So auch bei unserem Problem mit der »zementfreien Staubfabrik«. Er sprach mit den entscheidenden Leuten bei der SPK und sorgte dafür, dass die nötigen Mittel zur Rekonstruktion der Anlagen bereitgestellt wurden.

Wir vom Zementanlagenbau klotzten ran: In dem festgelegten Zeitraum setzten wir die Anlagen so instand, dass die Staubentwicklung auf den Normbereich minimiert werden konnte. Unsere Techniker verstanden ihr Fach und investierten ihr Wissen, ihre Kreativität und manche Überstunde in die umfassenden Nachbesserungsarbeiten. Ich arbeitete täglich sechzehn Stunden, um gleichsam als Stabführer und Dirigent den Erneuerungsprozess zu lenken. Ich bin kein fachspezialisierter Techniker, aber ich kann aus der Analyse eines Ist-Standes systematisieren, Ziele ableiten, motivieren und kontrollieren. Im Detail weiß ich bis heute nicht, wie der Schachtwärmer funktioniert. Aber er erfüllte seine Aufgaben mehr als ordnungsgemäß. Daher konnten wir nicht nur mein Versprechen bei den Polen einlösen, sondern auch eine der größten Lizenzen der DDR an die *Vereinigte Österreichische Eisen- und Stahlwerke-Alpine* AG *(VÖEST-Alpine* AG*)* vergeben. Das war ein sagenhafter Erfolg.

Was ich zum Ausdruck bringen möchte, ist: Es gibt die Regel und es gibt die Ausnahme. Es existierte der Grundsatz der Planwirtschaft, es waren Bilanzen sowie Fonds vorhanden – oft restriktiv und starr. Aber es waren immer Menschen, die agierten und Lösungswege finden mussten, die sich engagierten, improvisierten und mit fachlicher Finesse ihre Arbeit taten. Und Leute wie Hoberg, auf die man sich verlassen konnte.

Planwirtschaftlicher Starrsinn versus Flexibilität

Wer Umsätze plant, muss auch Verbräuche (auch Bilanzanteil oder Fond genannt) veranschlagen – das ist heute so und galt auch in der Planwirtschaft. Für uns war der Fünfjahresplan *die* verbindliche Richtlinie. Allerdings machte es keinen Sinn, es zu übertreiben und die Planung für alles gleichermaßen genau zu nehmen. Beispielsweise wenn es um Messingschrott ging. Im fünften Planungsjahr konnte ich als Generaldirektor vom SKET kaum noch sagen, wie viel Messingschrott letztlich angefallen war. In solchen Fällen pflegte ich zu sagen: »Rechnet es hoch, Genossen, rechnet es doch hoch. Es gibt ja den Dreisatz. Wir haben eine Zahl, von der wir ausgehen können. Es wird mich doch hoffentlich in fünf Jahren keiner wegen einer Abweichung beim Messingschrott zur Rechenschaft ziehen.«

Selbstredend stand ich als Generaldirektor in der Verantwortung, dass die zentralen staatlichen Planauflagen meines Kombinats – wie Warenproduktion, Nettogewinn, Export etc. – erfüllt wurden. Aber ich hatte auch gewisse Verfügungsrechte, von denen ich bei Bedarf Gebrauch machte.

So rief mich Herbert Kroker, Generaldirektor des *VEB Kombinat Umformtechnik* in Erfurt, an und unterbreitete mir: »Eckhard, ich habe ein nennenswertes Gussproblem.«

»Gut, dann komm her«, bot ich ihm an.

Herbert Kroker war ein außergewöhnlich aktiver Mensch.

Er hatte Krieg und Gefangenschaft überstanden, arbeitete sich vom Schlosser, Schweißer und Monteur nach oben. Schon früh war er Mitglied der SED und später auch Vorsitzender der Betriebsgewerkschaftsleitung (BGL) beim VEB *Starkstrom-anlagenbau Karl-Marx-Stadt*. Er studierte an der Zentralschule der *IG Metall*, wurde Vorsitzender des Bezirksvorstandes der Gewerkschaft im Bezirk Karl-Marx-Stadt, Parteiorganisator des ZK der SED und absolvierte ein weiteres Studium an der *Hochschule für Ökonomie Berlin (HfÖ)*. 1969 übernahm er die Aufgabe des Werkdirektors des VEB *Pressen- und Scherenbau Erfurt* und leitete von 1970 bis 1983 die Geschicke des neu gegründeten *Kombinats Umformtechnik Erfurt*.

Wenn Herbert Kroker Hilfe suchte, steckte er wirklich in Schwierigkeiten. Er wandte sich an mich, weil er wusste, dass wir sehr große Gießereien hatten. In meinem Büro offenbarte er mir, dass er einen lukrativen Auftrag aus Brasilien habe und deshalb fünfhundert Tonnen Guss benötigte. Ich ließ mir die Zusammenhänge erklären; es klang vernünftig. Umgehend schaute ich in meinem Telefonbuch nach, wer bei uns für »Bilanzen Guss« zuständig war. Die Arbeitsstrukturen waren säuberlich erfasst: die Meiers, Schulzes, Lehmanns durchnummeriert. »Müller 7« war der, den ich suchte. Also griff ich zum Hörer und wählte die Telefonnummer: »Herr Müller, kommen Sie bitte zu mir, zum Generaldirektor. Wir haben ein Problem, das werden Sie lösen.« Wenig später stand der Kollege mit hochrotem Kopf vor mir und wusste nicht, was er angestellt hatte. Ich konnte ihn beruhigen: »Wir brauchen fünfhundert Tonnen zusätzlichen Guss. Herr Müller, ich bin mir sicher, Sie finden eine Lösung.« Der Kollege nickte eifrig, offenbar hatte er schon eine Idee. »Entscheiden Sie, was Sie wollen«, gab ich ihm mit auf den Weg. »Wenn Sie meine Zustimmung brauchen, kommen Sie zu mir. Sie schaffen das. Und jetzt nehmen Sie Herrn Kroker an die Hand und finden eine Lösung.«

Nach einer Viertelstunde kam mein »Guss-Mann« mit einem Zettel in der Hand zurück und berichtete: »Genosse Kroker wird von uns insgesamt fünfhundert Tonnen Guss zusätzlich bekommen. Mit Bilanzanteil. Er kann den Riesenauftrag in Brasilien annehmen.« Herbert Kroker war hoch zufrieden.

Wer Kroker kennt und Netzmann kennt, der weiß, dass der Erfolg gefeiert werden musste und das dies nicht ohne den »milden russischen Landwein« namens *Wodka* ging. Nachdem wir mehrfach angestoßen hatten, stellte ich voller Schrecken fest: Heute ist der 23. Februar, der »Tag der Sowjetischen Armee und Seestreitkräfte«. Ein wichtiger Feiertag für unsere sowjetischen Freunde, mit dem sie an die Anfänge der Roten Armee erinnerten. Das bedeutete, ich musste noch in offizieller Mission ins russische Paten-Regiment fahren, das im Magdeburger Stadtteil Herrenkrug stationiert war, um die deutsch-sowjetische Freundschaft und die heldenhafte Rolle der Sowjetarmee zu würdigen.

Ich traf leicht angeschlagen dort ein und habe sicher keine gute Figur abgegeben, weil die bei mir bekannte Trinkstandhaftigkeit eingeschränkt war. Dessen ungeachtet hatte Herbert Kroker seinen Bilanzanteil und die sowjetischen Genossen ihre Freude an mir.

Was bleibt zu sagen?

Der Staat, in dem ich einst mit meinen Weggefährten als ein »Mann der Wirtschaft« agierte, hat aufgehört zu existieren. Doch die Kardinalfrage sollte nicht permanent sein: Warum ist die DDR untergegangen? – Aus meiner Sicht ist ein System untergegangen, in dem die DDR ein Teilglied war; das System ist wegen politischer *und* ökonomischer Mängel sowie Defizite auseinandergefallen.

Vielmehr sollte man fragen: Was können wir aus dem DDR-Sozialismus-Versuch in die heutige Zeit einbringen?

Denn nicht nur die Wirtschaft ist untergegangen, auch große Leistungen für Bildung, Kultur oder Sport.

Es schmerzt mich bis heute und immer wieder, wenn ich meinen kleinen Enkel in die Schule bringe und sehe, was dort passiert – in der Umsetzung der aktuellen Bildungspolitik der Bundesrepublik respektive auf Länderebene, keine Chancengleichheit, Betreuung, Lehrer- und Erziehermangel ...

Die wichtigen Fragen, mit denen wir uns heute beschäftigen sollten, sind: Welche Elemente innerbetrieblicher Demokratie, eines ehrlichen, konstruktiven Miteinanders waren gut? Welche sozialpolitische Verantwortung sollten Unternehmen, kleine und mittelständische Firmen tragen? Wie können Führungspersönlichkeiten Vorbild sein?

Mit unserem Erfahrungswissen sollten wir, die wir einst den Versuch wagten, eine bessere Gesellschaft aufzubauen, negative Tendenzen im BRD-Wirtschaftssystem aufspüren und benennen. So sehe ich es beispielsweise als problematisch an, dass viele Vorstände großer Unternehmen langfristige Technologie-, Produkt- und Systementwicklungen zugunsten kurzfristiger Börsen- und Aktienerfolge vernachlässigen. Sie arbeiten wie Investmentbanker.

Den Zerrbildern der DDR-Wirtschaft von der sogenannten »Kommando-, Mangel- und Misswirtschaft«, die aus Unkenntnis und »falsch Zeugnis reden« entstehen, sollten wir »Zeitzeugen« positive wie negative Erfahrungswerte entgegenstellen – als zu verwendende oder zu verwerfende Bausteine für eine gemeinwohlorientierte Gesellschaft.

Gewiss ist: Es gab viele »Betonköpfe« in der DDR, aber noch viel mehr gute Leute, mit denen wir etwas auf die Beine stellen konnten. Sind wir »Verlierer«? Vielleicht. »Versager«? Keinesfalls!

Peter Grabley

Geboren 1931, erlernte ich den Beruf des Bühnenarbeiters. Im Alter von fünfzehn Jahren zog ich mit politischen Stücken einer Wander-bühne, deren Intendant mein Vater war, durch die Dörfer in Brandenburg. Ab 1947 besuchte ich die Internatsschule im thüringischen Wickersdorf und absolvierte 1951 mein Abitur. Ich wollte Chemie studieren, wurde aber von Paul Strassenberger, damals erster Stellvertreter des Vorsitzenden der Staatlichen Plankommission (SPK), *für ein Studium der Betriebsökonomie an der neu gegründeten* Hochschule für Ökonomie (HfÖ) *in Karlshorst geworben. Ich habe es nie bereut. Nach dem Studium bestritt ich verschiedene Betriebseinsätze und wurde schließlich in die SPK berufen. Meine Anstellung in diesem Staatsorgan kommentiere ich im Kollegenkreis zuweilen scherzhaft:* »Ursprünglich habe ich doch die richtige Ausbildung gemacht, denn ich landete in der* Komischen Oper.«

In der Staatlichen Plankommission *wurde zielgerichtet gearbeitet und Probleme offen diskutiert.* »Die SPK muss sagen, was geht und was nicht geht«, *war das Credo des Vorsitzenden Gerhard Schürer, der damit oft auf wenig Gegenliebe oder direkte Ablehnung in der Parteiführung stieß.*

Zwanzig Jahre lang leitete ich die Abteilung Chemie in der SPK. In den letzten fünf Jahren meines Berufslebens in der DDR war ich Staatssekretär und Stellvertreter von Gerhard Schürer im Bereich Außenwirtschaft. 1990 wurde ich zum Leiter des neu geschaffenen Amts für Außenwirtschaft berufen und arbeitete noch bis Mitte 1991 als Berater im Wirtschaftsministerium der BRD für die Abwicklung des RGW-Handels.

Im Jahre 1993 zogen meine Frau und ich nach Bad Saarow. In dem aufstrebenden Kurort engagierten wir uns in der Kommunalpolitik und insbesondere bei der Entwicklung eines kulturellen Lebens, das zu einem Kurort gehört. Wir organisierten Ausstellungen, einen noch heute beliebten »Kultursommer«, Klubabende und Lesungen, Theaterveranstaltungen sowie Märkte und waren mit einer Spendeninitiative zur Rekonstruktion des historischen, vom Verfall bedrohten Saarower Bahnhofs erfolgreich.

Das eigentliche Wirtschaftswunder

Dass wir Menschen in der DDR »idealistische Spinner« waren, mag mancher denken oder gar sagen. Ich setze dagegen: Wir hatten tüchtige Leute und waren motiviert, etwas Neues zu schaffen. Ich bin der festen Überzeugung, dass das eigentliche Wirtschaftswunder Deutschlands in dem kleinen Land DDR auf die Beine gestellt wurde. Im Vergleich zur BRD hatten wir denkbar ungünstigere Ausgangsbedingungen – insbesondere eine Disproportion in Bezug auf die Kriegszerstörungen. Bei uns gab es kaum mehr funktionstüchtige Industrieanlagen. Zudem profitierte Westdeutschland vom Marshall-Plan, während wir mit einer Besatzungsmacht konfrontiert waren, die mehr forderte als förderte – genauer gesagt: Die uns mit hohen Reparationen schröpfen musste, um selbst Wiedergutmachung für die Kriegsschäden auf ihrem Territorium zu erwirken.

Ohne Plan kein Fortkommen

Das Ungleichverhältnis zwischen beiden deutschen Staaten wird besonders auf dem Gebiet der Schwerindustrie deutlich. In den Nachkriegsjahren gab es in Ostdeutschland kein Stahlwerk; die Thüringer Maxhütte mit ihren trockenen Hochöfen war regelrecht »verhungert«. Wir bauten als Schüler und Studenten Wasserleitungen, damit das Werk erweitert werden konnte. Nach und nach mussten die Voraussetzungen geschaffen werden, damit sich eine funktionstüchtige Schwerindustrie entwickeln konnte und die Disproportionen der Spaltung überwunden wurden.

Ohne Planwirtschaft, ohne zentrale staatliche Lenkung und Konzentration der volkswirtschaftlichen Kräfte auf bestimmte Schwerpunkte wäre dies nicht möglich gewesen. Durch den ersten und zweiten Fünfjahresplan – für die Jahre 1951 bis

1955 und 1956 bis 1960 – konnten die Schwerindustrie sowie die chemische Industrie in Gang gebracht werden. Ebenso gelang es, die Energieversorgung auszubauen. Die Errichtung eines eigenen Überseehafens in Rostock, die Werftindustrie, das *VEB Gaskombinat Schwarze Pumpe*, der Bau des *VEB Eisenhüttenkombinats Ost (EKO)* im märkischen Sand, das Erölverarbeitungswerk Schwedt und andere stehen dafür. Ebenso die Industrialisierung der Nordbezirke.

Wir sind nicht die Erfinder der langfristigen Planung oder gar der *Staatlichen Plankommission (*SPK*)* gewesen. Lenins »GOELRO-Plan« war der Vorreiter. Er konstituierte etwa 1920 ein staatliches Gremium von Experten, das einen Plan zur Elektrifizierung Russlands entwickelte – und hatte Erfolg damit. Der auf zehn bis fünfzehn Jahre ausgelegte Plan war bis Anfang der 1930er Jahre erfüllt.

Auch im Kapitalismus ist Planung kein Fremdwort. Bereits in den 1930er Jahren setzte der US-Präsident Roosevelt – als Antwort auf die Weltwirtschaftskrise – auf langfristige Maßnahmen. Mit seinem »New Deal« versuchte er, die Wirtschaft wieder anzukurbeln und die soziale Not zu lindern.

Bis heute gilt: Ohne weitsichtige Planung ist ein sozial verträgliches, wirtschaftliches Fortkommen nicht möglich.

An die Grenzen gestoßen

Die DDR musste in ihrer Aufbauphase mit schwerwiegenden Problemen fertig werden. Aber auch späterhin wurden die planwirtschaftlichen Erfolge geschmälert. Ein Grund dafür war die Embargopolitik der kapitalistischen Staaten. Hier sei unter anderem an das Röhrenembargo gegen den Ausbau der Ölpipeline oder den Warenzeichenkrieg um Agfa/ORWO und Zeiss Jena erinnert.

Vom Weltmarkt sollten wir weitgehend isoliert werden. So waren wir beispielsweise genötigt, in unserem kleinen Land fünfzig Prozent des Weltsortiments an pharmazeutischen Grundsubstanzen herzustellen – in Kleinstmengen, um unsere Leute zu versorgen, den Eigenbedarf zu decken.

Auch in der Mikroelektronik stießen wir an unsere Grenzen. So war es für unsere kleine Republik viel zu teuer, die umfangreichen Steuerungstechniken für den Maschinenbau zu entwickeln.

Siegfried Wenzel, der langjährige stellvertretende Vorsitzende der *SPK*, schrieb in seinem im Jahr 2000 erschienenen Buch *Was war die* DDR *wert?*: »Experten schätzen, dass die DDR etwa 50 % des Weltsortiments an Maschinen und Anlagen produziert hat, wodurch in ungeheurer Breite wissenschaftlich-technische Entwicklungsarbeit geleistet werden musste, die sich nur in relativ kleinen Serien amortisieren konnte. Auch dies war keine Frage der Dummheit; die Wirtschaftlichkeitsrechnungen dazu lagen mehr oder weniger ausführlich vor. Wenn man aber bestimmte Ausrüstungen unabdingbar brauchte, dann musste man sie produzieren, oder man hatte sie nicht. Das heißt, die Lösung jedes einzelnen Problems war zugleich ein Zug an einer Decke, die das Gesamtkonzept nicht abdeckte und die an einer anderen Stelle diese Problematik umso schmerzhafter offenlegte«.

Hinzu kam – und das muss der politischen Führung im Land vorgeworfen werden –, dass unser System der zentralen Planung durch das Primat der Politik deformiert wurde. Dies erfolgte in Etappen, an deren Ende Erich Honeckers »Voluntarismus« stand. Die Verletzung des wirtschaftlichen Wertgesetzes war dabei entscheidend, ebenso wie die Tatsache, dass unser Preissystem »antiquiert« war. Das war unsere Achillesverse. Irgendwann konnten wir nur noch versuchen, das System zu kitten.

Mit gemeinschaftsorientierten Kräften in die Zukunft

Plan- und Marktwirtschaft in eine Synthese zu bringen – das scheint mir ein, wenn auch noch unausgegorenes, Lösungsmodell der Zukunft zu sein.

Ob zum Beispiel China ein solches Zukunftsmodell darstellt, wird sich noch zeigen. Dort regiert heute eine kommunistische Partei mit harter Hand. Vor den Problemen bezüglich der Einhaltung der Menschenrechte dürfen wir nicht die Augen verschließen. Im Moment jedoch ist es das Land mit den größten wirtschaftlichen Wachstumsraten. Es bedarf eines geschärften analytischen Blickes, um zu verstehen, was in diesem Land vor sich geht.

Gewiss ist: Ohne langfristige Planungen, ohne weitsichtige Konzeptionen wird sich unsere Gesellschaft auf die Dauer nicht entwickeln können, geschweige denn mit ihren Widersprüchen fertig werden.

Themen wie Energiewende, Umwelt-, Sozial- und Bildungspolitik können nicht in kurzen Wahlperioden von vier Jahren fundiert bearbeitet werden. Hier müssen langfristige Lösungen auf den Weg gebracht werden. Wachstum, Konsumtion, Akkumulation und Soziales – das sind Problematiken, die gesamtgesellschaftlich »angepackt« werden müssen.

Ich bleibe optimistisch, dass gemeinschaftsorientierte Kräfte erstehen und sich letzlich durchsetzen werden, die die Entwicklung einer nachhaltigen, solidarischen und sozial gerechten Gesellschaft in ihre Hände nehmen. Ich bin sicher, dass dann eine zentrale staatliche Planung von Grundproportionen die Richtung und den gesellschaftlichen Rahmen geben wird.

Lothar Poppe

Ich wurde 1924 geboren, erlebte die Weimarer Republik und das Dritte Reich (Großdeutschland), baute die DDR mit auf, wurde Zeuge ihres Endes und erlebe heute »das Kapitel des großen Kapitals« unserer Bundesrepublik. Mein Lebensweg war früh vorgezeichnet. Ich sollte nach dem Studium an der Ingenieurschule in Duisburg Geschäftsführer der Firma Gebrüder Poppe, Metallgießerei *werden. Doch es kam anders.*

Nach Abschluss der achtjährigen Volksschule absolvierte ich eine Lehre als Former und arbeitete bis zu meiner Einberufung zur Wehrmacht im Oktober 1942 in diesem Beruf. Nach kurzer militärischer Ausbildungszeit in Frankreich kam ich im Februar 1943 in der Ukraine zum Fronteinsatz und wurde im Juli schwer verwundet. Nach meiner Genesung wurde ich sogleich wieder in den Einsatz zurückgeschickt. Im Februar 1945 geriet ich in der Nähe von Küstrin an der Oder in sowjetische Kriegsgefangenschaft, aus der ich erst im November 1949 in die Heimat wiederkehrte. Im Januar 1950 begann meine Arbeitstätigkeit als Former im VEB Stahl- und Walzwerk Gröditz. *Von Mai bis Juni wurde ich zur Wirtschaftsschule in Halle delegiert.*

Hiernach kehrte ich als Assistent des Werkdirektors in das Stahl- und Walzwerk Gröditz *zurück. Zur weiteren Qualifizierung folgte ein Studium an der* Ingenieurschule für Gießereitechnik *in Leipzig. Nach Beendigung des Studiums arbeitete ich im Stahlwerk in Gröditz als Schichtassistent im Dreischichtsystem und anschließend als stellvertretender Betriebsdirektor in der Tempergießerei.*

Im November 1954 ging ich zum Aufbau der Tempergießerei und des Gießereimaschinen- und Anlagenbaus zum VEB Gießerei und Maschinenbau »Ferdinand Kuhnert« *nach Schmiedeberg im Osterzgebirge. Ich begann als Haupttechnologe und arbeitete dann als Technischer Direktor und Betriebsdirektor. Der Hauptdirektor der* VVB Gießereien Leipzig *delegierte mich 1959 zur* Staatlichen Plankommission (SPK) *nach Berlin. Ich wechselte 1961 in den neu gegründeten* Volkswirtschaftsrat (VWR) *und war dort bis 1963 tätig. Nach einem anschließenden dreijährigen Studium an der Parteihochschule in Moskau kam ich in die* VVB Gießereien Leipzig. *Dort arbeitete ich von 1966 bis 1969 als Direktor für Produktion und Kooperation und erster Stellvertreter des Generaldirektors. Mit der Gründung des* VEB GISAG, *Kombinat für Gießereiausrüstungen und Gusserzeugnisse Leipzig, wurde ich am 1. Juli 1969 zum Kombinatsdirektor berufen. Den Posten verließ ich erst, als das Kombinat in seiner bestehenden Form 1978 aufgelöst und sodann umgebildet wurde. Bis zu meinem Renteneintritt 1989 war ich als Vorsitzender der* Bezirksplankommission (BPK) *in Leipzig und als stellvertretender Vorsitzender des Rats des Bezirks tätig.*

Vom Konkurs in die Gewinnzone

Die Behauptung, wir hätten in der DDR nur »Schrotthaufen« gebaut, höre ich häufig. Sie verletzt mich, weil sie die Tatsachen entstellt. Wir bauten keine »Schrotthaufen«, sondern mühten uns, qualitativ hochwertige Produkte und Erzeugnisse nach dem wissenschaftlich-technischen Höchststand herzustellen, mit denen wir weltweit bestehen konnten. Darauf bin ich stolz. »Made in GDR« – das ist ein Gütesiegel, wofür man sich nicht schämen muss.

Vertreter der *Friedrich Krupp* AG aus Essen erklärten unseren Spezialisten nach der Lieferung einer unserer Anlagen: »Ihre Ausrüstungen sind alle sehr gut. Sie haben nur einen Nachteil: Sie halten zu lange!« In der Marktwirtschaft gilt: Was lange hält, bringt kein Geld. Der Kapitalismus ist auf Redundanz ausgelegt; die Waren sollen eine kurze Lebensdauer haben und in immer kürzeren Abständen erneuert werden. Nur dann funktioniert der Kreislauf. Eine solche Ressourcenverschleuderung konnten und wollten wir uns im DDR-Anlagenbau nicht leisten.

Blicke ich heute – kurz vor der Vollendung meines neunten Lebensjahrzehnts – auf mein langes und erfülltes Berufsleben, dann kann ich sagen: Die Zeit beim *VEB GISAG, Kombinat für Gießerausrüstung und Gusserzeugnisse Leipzig,* war für mich die schönste, interessanteste, inhaltsreichste und zugleich die herausforderndste, lehrreichste und erfolgreichste Zeit meines Lebens. An der Spitze eines Kollektivs von fast zehntausend Menschen stehend, führte ich ein Kombinat mit einer hochqualifizierten und stets einsatzbereiten Belegschaft vom Konkurs zu einer hochleistungsfähigen – und hocheffektiven – Wirtschaftseinheit. Unser Betrieb wurde zum Marktführer für automatische Formanlagen im *Rat für gegenseitige Wirtschaftshilfe (RGW)* und erlangte mit der Errichtung kompletter Gießereibetriebe nach der Vertragsklausel »Produkt in die Hand«

nationale und internationale Anerkennung. Dafür erhielt der Stammbetrieb des Kombinates die höchsten moralischen, ideellen und materiellen Auszeichnungen, darunter den »Karl-Marx-Orden« und den Titel »Betrieb der sozialistischen Arbeit«. Auch der Kombinatsbetrieb Fürstenwalde wurde mit dem »Karl-Marx-Orden« ausgezeichnet. Die Leitung von *GISAG* war meine Lebensaufgabe, die ihre Würdigung anlässlich meines achtzigsten Geburtstags im *Leipziger historischen Kalender 2004* fand.

Vom Privatunternehmen zum Kombinat

Das Kombinat *GISAG* ging hervor aus der 1874 in Leipzig gegründeten Firma *Meier & Weichelt* – ein solider Betrieb, der vor allem Grauguss- und Stahlguss-Erzeugnisse sowie Kleineisenwaren herstellte und den ersten Temperguss entwickelte. Nach dem Zweiten Weltkrieg wurde die Firma beschlagnahmt und 1946 enteignet. Zwei Jahre später erfolgte die Verstaatlichung des Betriebes. Er wurde umgewandelt in den *VEB Leipziger Eisen- und Stahlwerke* (*LES*). Dieser bildete das Fundament, auf dem das Kombinat *GISAG* entstand.

In unserem Land lag die Industrie nach den Zerstörungen durch den Krieg und aufgrund der an die Sowjetunion zu leistenden Reparationen weitgehend am Boden. Es mangelte zudem an ausgebildetem Fach- und Führungspersonal. All dies musste erst nach und nach wieder aufgebaut werden. Bereits im Oktober 1946 befahl der Oberste Chef der *Sowjetischen Militäradministration in Deutschland (SMAD)*, Wassili D. Sokolowski, jedoch die Wiederaufnahme der Produktion in den ostdeutschen Gießereien: »Um die maximale Ausnutzung der Gießereien zu erreichen und den Bedarf des Maschinenbaus voll zu decken, befehle ich den Präsidenten der deutschen Selbstverwaltungen, in einer Frist von zehn Tagen, Maßnahmen auszuarbeiten, die ab 1. Januar 1947 folgende

Monatsproduktion sicher stellen: 18.285 Tonnen Grauguss, 1.985 Tonnen Stahlguss und 1.112 Tonnen Buntmetallguss.«

Neben dem *VEB Leipziger Eisen- und Stahlwerke* existierten verschiedene volkseigene Betriebe, die in den kommenden Jahren den Bedarf an Guss zu decken versuchten. Auf Anordnung des Ministerrats der DDR wurde 1958 die VVB *Gießereien Leipzig* gegründet. Die *Vereinigung Volkseigener Betriebe (*VVB*)* stellte die Industriezweigleitung für alle zentralgeleiteten Gießereibetriebe dar. Mit ihrer Bildung wurde die erste Maßnahme zur Zusammenführung der gussproduzierenden Werke im Land durchgeführt.

Den nächsten entscheidenden Schritt hin zur Zentralisierung vollzog die Leipziger Gießereiindustrie 1966 mit der Gründung des *VEB Gießereianlagen Leipzig*. Er vereinigte die vier volkseigenen Betriebe *Gießerei- und Maschinenbau »Ferdinand Kuhnert«, Bernsdorfer Eisenwerke*, LES und die *Zentrale Projektierung Leipzig*. Die neue Wirtschaftseinheit war auf ökonomischem und technisch-wissenschaftlichem Gebiet allerdings wenig erfolgreich. Sie verfehlte das Planziel um 55 Prozent und geriet in die Illiquidität. Für den nun folgenden Kombinatsbildungsprozess ergaben sich damit denkbar schlechte Ausgangsbedingungen. Nichtsdestoweniger erfolgte am 1. Juli 1969 die Gründung des *VEB GISAG, Kombinat für Gießereiausrüstungen und Gusserzeugnisse Leipzig*. Als Stammbetrieb wurde der ehemalige *VEB Leipziger Eisen- und Stahlwerke* bestimmt. Unterstellt wurde der *VEB GISAG* der VVB *Gießereien Leipzig*, die die zentrale Aufsichtsfunktion über das Kombinat übernahm.

Mit dem Kombinat in den Konkurs – und wieder heraus

Dass die Kombinatsbildung nicht ausreichend vorbereitet worden war, wir überstürzt handelten und die Prozesse nicht umfassend durchdacht hatten, wird häufig resümiert. Aber es blieb uns nicht die Zeit – wir waren genötigt, die Industrieproduktion zügig effizienter zu organisieren. Deshalb wurde die schwierige Ausgangslage nicht ausreichend berücksichtigt.

Als Direktor des *VEB GISAG* gelang es mir zunächst nicht, das Kombinat aus seiner bedrohlichen ökonomischen Lage zu befreien – vor allem wegen der auftretenden Mängel bei der Inbetriebnahme des Automatisierungsvorhabens »Kugelgraphit Eisengießerei«. Wir erlebten eine Bauchlandung, häuften immer mehr Schulden an und konnten nicht länger unseren Zahlungsverpflichtungen nachkommen. Die *Industrie- und Handelsbank der DDR (IHB)* erklärte das Kombinat für kreditunwürdig: Sie zeigte uns die »rote Karte«. Sechzig Millionen Mark der DDR standen zu Buche. Wir gingen Konkurs!

In der DDR wurde in solchen Situationen ein Stabilisierungsverfahren eingeleitet. Im schlimmsten Fall sah dieses die Liquidierung des zahlungsunfähigen Betriebes vor. Zunächst bot das Vorgehen aber die Möglichkeit, eine gründliche Analyse der Ursachen des Konkurses vorzunehmen und einen Weg zu finden, den Betrieb wieder »auf die Beine zu bringen«. Er musste in einem überschaubaren Zeitraum ökonomisch stabilisiert werden. Der Kombinatsdirektor trug dabei die volle persönliche Verantwortung gegenüber der Bank. Diese überwachte die Terminplanung strengstens und sorgte für deren Einhaltung.

Das »Stabilisierungsverfahren zur Wiederherstellung der Wirtschaftlichkeit des Kombinats *GISAG*« wurde am 1. Oktober 1970 durch den Präsidenten der IHB eröffnet. Mich stellte dies vor eine der schwersten Herausforderungen in meinem Leben. Ich war 46 Jahre alt und hatte nunmehr die Stabilisierung »meines« Kombinats zu verantworten.

Glücklicherweise konnte ich auf Erfahrungen zurückgreifen, die ich während meiner Tätigkeit in der VVB *Gießereien Leipzig* gesammelt hatte. Hier war ich des Öfteren damit konfrontiert, gemeinsam mit Arbeitsgruppen Betriebe zu konsolidieren. Die praktischen Kenntnisse, die ich dabei erlangte, kamen mir nun zugute. Ich wusste, dass Leitung und Leistung in einem Unternehmen untrennbar miteinander verbunden sind. Auf der Direktionsebene müssen die Bedingungen geschaffen werden, damit der Betrieb Ergebnisse erzielen kann. Diese grundlegende Einsicht half mir bei der Rettung des *VEB GISAG.*

Das eingeleitete Stabilisierungsverfahren sah vor, dass wir bis 1974/75 wieder Liquidität erreichen würden. Dafür gab es gute Voraussetzungen: Zum einen hatte das Kombinat das *Zentralinstitut für Gießereitechnik Leipzig* – als wissenschaftlich-technisches Zentrum – zur Verfügung. Zudem konnten wir auf den *Projektierungsbetrieb Gießereien* sowie auf den Maschinen- und Anlagenbau zurückgreifen. Und es stand eine große Anzahl von Kadern zur Verfügung: Facharbeiter und gut ausgebildete Ingenieure, die fähig waren, die anstehenden Aufgaben zu lösen.

Für mich galt es nun, die gestellten Ziele exakt zu formulieren und den Weg festzulegen, auf dem wir diese erreichen konnten. In der »Erklärung des Kombinatsdirektors des VEB *GISAG* zur Eröffnung des Stabilisierungsverfahrens« informierte ich die Belegschaft ausführlich über die Situation des Kombinats. Dabei fasste ich die Ziele als Drei-Phasen-Modell wie folgt zusammen:

1. Phase: Maximale Planerfüllung 1970 – Minimierung der Plan- und Sortimentsrückstände;

2. Phase: Ausgehend vom optimalen bilanzierten und begründeten Plan 1971 keine zusätzlichen Belastungen eintreten zu lassen;

3. Phase: Perspektivzeitraum bis 1975 – Tilgung der Schulden, volle Konzentration auf das Prinzip der Eigenerwirtschaftung der Mittel und höchste Effektivität in der Investpolitik in Verbindung mit der Verbesserung der Arbeits- und Lebensbedingungen.

Zur Erreichung der Ziele stellte ich ein betriebswirtschaftliches Programm auf, das sich an den bewährten Mitteln und Methoden der sozialistischen Betriebswirtschaft orientierte. Zentrale Punkte waren dabei: Bilanzierung, Planerarbeitung, Planaufschlüsselung, Plankontrolle, Haushaltbuch, Kostenkatalog, Gebrauchswert-Kosten-Analyse, Betriebsanalyse, wissenschaftliche Arbeitsorganisation, Wirtschaftsrecht sowie – nicht zuletzt – die materielle und moralische Stimulierung der Belegschaft. Mit der zielgerichteten Umsetzung dieses wirtschaftswissenschaflichen Programms wurde die Qualität der Planung bedeutend erhöht, die Einheit zwischen Plan, Bilanz und Vertrag gesichert und der Plan bis in die kleinste Einheit aufgeschlüsselt.

Doch aus meiner Sicht war auch ein für die sozialistische Betriebswirtschaft außergewöhnlicher Faktor zu berücksichtigen: der Gewinn. Das Kombinat hatte Schulden gemacht. Es hatte einen Kostensatz von über einhundert Prozent, den wir abbauen mussten. Profit war eine Größe, die nicht im Mittelpunkt der Leitungtätigkeit stand. Damals war die Produktionsmenge die Messlatte, an der wir uns orientierten. Der Ertrag blieb als Kennziffer umstritten. Trotzdem nahm ich ihn als Führungsgröße. Nur so konnte ich das Kombinat auf der Grundlage des »Neuen Ökonomischen Systems« (NÖS) und des »Ökonomischen Normals« entwickeln. Mit der Intention, dass der Gewinn des Kombinats über dem Durchschnitt der Volkswirtschaft lag.

Dies gelang, indem ich für jedes Jahr grundsätzliche Ziele aus dem »Ökonomischen Normal« hinsichtlich der Warenproduktion, der Mengen, der Gebrauchswertestruktur und des Gewinns ableitete. Der Markt war vorhanden und breit. Guss wurde in großen Mengen gebraucht, der Gießereimaschinenbau wuchs ebenso wie der Anlagenbau. Am Ende rüstete *GISAG* fast die gesamte DDR mit Gießereimaschinen aus. So waren wir zum Beispiel am Bau der noch heute bestehenden Eisengießerei in Meuselwitz und der Stahlgießerei in Magdeburg-Rothensee beteiligt.

Innerhalb von zwei Jahren hatten wir im *VEB GISAG* also die Anfangsschwierigkeiten überwunden. Als die Bank merkte, dass wir die Kredite zurückzahlten und sich das Kombinat in einer stabilen Phase befand, erließen sie uns einige Raten. Somit war es möglich, die Zielsetzungen noch schneller umzusetzen.

Mithilfe der betriebswirtschaftlichen und wissenschaftlich-technischen Maßnahmen erreichte ich, dass das Kombinat ab Oktober 1971 in der Lage war, den Plan kontinuierlich zu erfüllen. Bis zur Kombinatsauflösung am 31. Dezember 1978 gelang dies 87 Monate hintereinander bei einer jährlichen Steigerung des einheitlichen Betriebsergebnisses um 17,3 Prozent. Bereits 1972 schrieben wir »schwarze Zahlen« – wir erwirtschafteten einen überdurchschnittlichen Gewinn! Im *Neuen Deutschland* vom 11. August 1978 sind meine Erfahrungen aus der Zeit nachzulesen.

Von der Praxis in die Theorie

In dem Zeitraum der Stabilisierung des Kombinates war die sozialistische Leitungswissenschaft noch nicht so weit entwickelt, dass theoretische Grundlagen für die Leitung und Planung eines komplexen Reproduktionsprozesses vorhanden waren. Die Praxis brauchte die Theorie und umgekehrt die Theorie die Praxis. Daraus erwuchs die dringende Notwendigkeit, die Grundlagen für eine wissenschaftliche Leitungstätigkeit zu schaffen. Das geschah durch die 1973 begonnene Zusammenarbeit mit wissenschaftlichen Einrichtungen und Institutionen wie der *Karl-Marx-Universität Leipzig*, der *Pädagogischen Hochschule* und der *Ingenieurschule für Gießereitechnik »Georg Schwarz«* in Leipzig sowie der *Bergakademie Freiberg*.

Mit der Einführung der »Tage der Wissenschaften«, die von

GISAG in Kooperation mit der *Karl-Marx-Universität* ab dem Jahre 1974 veranstaltet wurden, intensivierten wir die Zusammenarbeit von Wissenschaft und Praxis. Wir tauschten Erfahrungen nicht nur zu ökonomischen sowie wissenschaftlich-technischen Problemen aus, sondern setzten uns auch mit der aktuellen politischen Lage auseinander. Zentrale Fragen und Themenkomplexe waren:

· Grundfragen der politischen Ökonomie des Sozialismus
· Theoretische Durchdringung ökonomischer und technischer Prozesse und die Anwendung in der Praxis
· Fragen des sozialistischen Rechts
· Vervollkommnung und Rationalisierung der Leitungs- und Verwaltungsarbeit
· Untersuchung und Umsetzung arbeitshygienischer Anforderungen in der Gießerei
· Entwicklung und Befriedigung sozialistischer Kulturbedürfnisse

Um den wissenschaftlichen Erfordernissen zur Entwicklung der sozialistischen Leitungstätigkeit nachzukommen, kam es zwischen den beiden führenden Wirtschaftswissenschaftlern der *Karl-Marx-Universität* – Prof. Dr. habil. Horst Richter und dem 1. Prorektor der Universität, Prof. Dr. habil. Horst Stein – und mir als Kombinatsdirektor zur Zusammenarbeit; an deren Ende meine Promotion stand. Ich verfasste eine Dissertation unter dem Titel: *Die Aufgaben und die Arbeitsweise des Kombinatsdirektors zur langfristigen und stabilen Leitung des Reproduktionsprozesses am Beispiel des Kombinates GISAG.* Für die Bearbeitung des Themas bot die Leipziger *Karl-Marx-Universität* ein gutes wissenschaftliches Fundament. Solche Experten wie Prof. Dr. oec. habil. Friedrich Behrens, Prof. Dr. Herbert Wolf oder Dr. Wolfgang Berger hatten hier die theoretischen Grundlagen und das NÖS mit entwickelt.

Die wissenschaftliche Ausarbeitung war für mich eine große

Herausforderung, obwohl ich eine fundierte politökonomische Ausbildung habe. Die »Marxsche Reproduktionstheorie« kannte ich gut. Jetzt musste ich allerdings die allgemeinen theoretischen Grundlagen mit dem konkreten Gegenstand des Kombinats zusammenführen. Ich ging in Teilschritten vor, um aus Einzelkonzeptionen zu der Gesamtkonzeption hin zu einem Reproduktionsprozess zu gelangen. Den Nachweis konnte ich anhand der praktischen Erfahrungen erbringen – mit der genauen Analyse der Kennziffern des Leistungsniveaus unserer Erzeugnisse, unserer Gießereianlagen und der kompletten Betriebe.

Vom Inland ins Ausland

Eines meiner Hauptziele war, unser Kombinat auf Weltniveau zu bringen. Das heißt, wir mussten qualitativ hochwertige Gusserzeugnisse herstellen sowie leistungsstarke Gießereiausrüstungen und Anlagen termin- und qualitätsgerecht liefern. Nur so waren wir dem internationalen Leistungsanspruch gewachsen.

Ein wahres Erfolgsmodell stellte unsere automatische Formanlage »Multomatik 40« dar, die während ihrer Entwicklung dem technischen Parametervergleich mit vierzehn internationalen automatischen Formanlagen standgehalten hatte. Die »Multomatik 40« war einhundert Meter lang, elf Meter hoch, zwanzig Meter breit und hatte eine Masse von dreihundert Tonnen. Mit ihr konnten achtzehn Produktionsarbeiter jährlich vierzigtausend Tonnen Guss erzeugen.

Auf der Leipziger Frühjahrsmesse 1972 schlossen wir mit dem Außenhandel der Sowjetunion einen Vertrag über die Lieferung von neunzehn automatischen Formanlagen dieses Typs ab. Die Preisverhandlungen mit unseren sowjetischen Partnern waren allerdings hart. Die »Freunde aus dem Bruderland« versuchten, den Preis zu drücken. Jedoch konnten wir mit unserem Produkt bestehen. Wir lieferten die neunzehn Anlagen pünktlich, obwohl wir weder die materiellen noch die finanziellen Kapazitäten hatten, sie in der DDR vollständig zu erproben. Dazu meinte unser sowjetischer Verhandlungspartner: »Kein Problem, die Erprobungsphase kann bei uns stattfinden!« Das hieß aber: Wird die Anlage erst an ihrem Standort getestet und treten dort Mängel auf, geht sie als Reklamation an uns zurück. Das war der Strick!

Alle Bedenken lösten sich jedoch in Wohlgefallen auf. Drei Jahre nach der Vertragsunterzeichnung wurde die erste Anlage erfolgreich in Betrieb genommen. Wir hatten unser Ziel erreicht. Die erfolgreiche Abwicklung des Auftrags ermöglichte uns den Einstieg in den großen Markt der Sowjetunion und des RGW. Wir entwickelten uns schnell zum Hauptlieferanten für automatische Formanlagen in diesen Ländern.

Einen unserer wichtigsten Folgeaufträge konnten wir in Algerien abschließen. Es handelte sich um die Lieferung einer kompletten Armaturenfabrik mit der Vertragsklausel »Produkt in die Hand«. Das bedeutete, dass wir die Fabrik schlüsselfertig liefern, sie vor Ort montieren, kalterproben und in Betrieb nehmen mussten sowie einen dreimonatigen Leistungsnachweis zu erbringen hatten. Das Westberliner Unternehmen *Diag* hatte sich mit ähnlichen Aufträgen überhoben und war in Konkurs gegangen – wir dagegen waren in der Lage, den Vertrag und diese spezielle Klausel zu erfüllen. Nicht weil wir die überlegenere Technik besaßen, sondern weil wir die bessere Ausbildung des ingenieur-technischen Personals und der Facharbeiter gewährleistet hatten.

So konnte sich das Kombinat von einem bankrotten Betrieb zu einem Unternehmen auf Weltniveau entwickeln. Es hatte einen Absatzmarkt für seine Produkte und belieferte diesen zielgerecht und punktgenau. Unsere Abnehmer waren stets zufrieden. Wir genossen einen guten Ruf. An der Qualität unserer Anlagen gab es keine Zweifel. So sollte man doch endlich damit aufhören zu behaupten, wir hätten in der DDR nur »Schrotthaufen« gebaut.

Das Ende des Kombinats

Die Entwicklung des Kombinats *GISAG* – von seiner durch den Konkurs geprägten Anfangsphase über das Stabilisierungsverfahren bis hin zur Heranbildung als international gefragter Zulieferer von Gießereianlagen – kann auch heute noch als Erfolgsgeschichte gelten. Die Grundlage dafür bildeten die auf den ökonomischen Gesetzmäßigkeiten fußende Leitungstätigkeit und die Leistungsfähigkeit der gesamten Belegschaft, die gut ausgebildet und motiviert war.

Zum Ende der Siebzigerjahre wurde die wirtschaftliche Leitungsstruktur durch zentrale administrative Weisung verändert: Das bisherige dreigliedrige Leitungssystem, bestehend aus Ministerium, VVB und Kombinat, wurde zugunsten eines zweigliedrigen Systems abgeschafft. Es bestand nur noch aus Ministerium und Kombinat. Auch für diese neuerliche Strukturveränderung wurden in der Gießereiindustrie in Leipzig keine ausreichenden Vorbereitungen getroffen. Das Kombinat *GISAG* wurde in seiner bestehenden Form aufgelöst, ebenso wie die zwei anderen Kombinate und die bisher übergeordnete VVB *Gießereien Leipzig*. Am 1. Januar 1979 wurde der *VEB Kombinat GISAG* gegründet und übernahm die Industriezweigleitung für alle Gießereibetriebe.

Heute erachte ich den Schritt der Auflösung der VVB *Gießereien Leipzig* und die Umwandlung des Kombinats *GISAG* als rückwärtsgewandt. Er führte dazu, dass Strukturen wieder aufgebaut wurden, die bereits vor den Kombinatsgründungen in Kraft gewesen waren. Diese konnten der Entwicklung der Wirtschaftsorganisation als langfristigen perspektivischen Vergesellschaftungsprozess, der durch die Kombinatsbildung in Gang gesetzt worden war, nicht gerecht werden. Außerdem verlagerte sich der Schwerpunkt der Tätigkeit der Kombinatsleitung von den inhaltlichen zu strukturellen Problemen. Es wurden weitere Struktur- und Kaderveränderungen vorgenommen, was auf Kosten der Leistungsfähigkeit des gesamten Kombinats ging.

Weitere Strukturveränderungen erfolgten in den Achtzigerjahren bis schließlich 1987 das Kombinat *GISAG* aufgelöst und der Stammbetrieb, der *VEB Gießereianlagen und Gusserzeugnisse Leipzig,* dem *VEB Kombinat baukema Leipzig* zugeordnet wurde.

Nach der Wende 1989 wurden die DDR-Kombinate abgewickelt, die Gießereien zerschlagen und die »Filetstücke« privatisiert. Während die DDR in einem Jahr über eine Million Tonnen Guss produziert hatte, wurde die Jahreskapazität der ostdeutschen Gießereien durch die Maßnahmen der *Treuhandanstalt (THA)* auf einhundertfünfzigtausend Tonnen reduziert. Tausende Menschen verloren ihre Arbeit und wurden zum ersten Mal in ihrem Leben damit konfrontiert, keine sinnvolle Aufgabe mehr zu haben. In meinen Augen war dies der größte Enteignungsprozess, der jemals stattgefunden hat.

Harry Nick

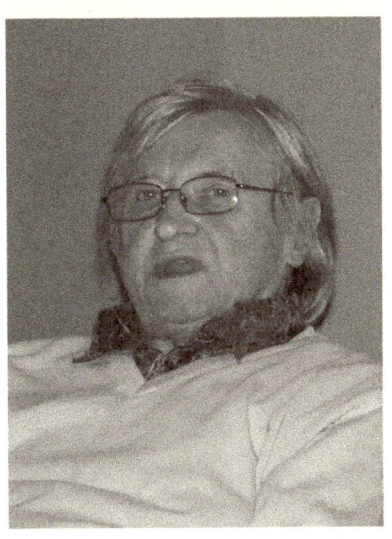

Geboren wurde ich 1932 in Borowo nahe der Stadt Lodz. Zu Beginn des Jahres 1945 siedelte meine Familie nach Sylda im Mansfelder Gebirgskreis über. Nach meinem Abitur 1951 in Hettstedt arbeitete ich einige Monate im dortigen Walzwerk als Stangenzieher.

An der Hochschule für Planökonomie, die spätere Hochschule für Ökonomie »Bruno Leuschner«, *studierte ich und absolvierte mein Staatsexamen als Diplom-Wirtschaftler. Bereits während des Studiums arbeitete ich als Hilfsassistent für Marxismus-Leninismus und übernahm nach meinem Abschluss eine Dozentur am Institut für Politische Ökonomie. 1959 promovierte ich und wechselte 1962 an das* Institut für Gesellschaftswissenschaften beim ZK der SED (IfG). *Ich leitete den Forschungsbereich »Ökonomische und soziale Probleme des wissenschaftlich-technischen Fortschritts« und wurde 1967 zum ordentlichen Professor für Politische Ökonomie berufen. Diesen Posten hatte ich bis 1990 inne. Ein Jahr später ging ich in den Ruhestand, war seitdem weiterhin tätig als Mentor der monatlich stattfindenden »Lichtenberger Sonntagsgespräche« und seit 1998 als Wirtschaftskolumnist der Zeitung* Neues Deutschland (ND). *Ich bin Mitglied des Marxistischen Forums und der* Leibniz-Sozietät der Wissenschaften zu Berlin.

Waren die Leiter der volkseigenen Betriebe wirkliche Unternehmer?

Folgt man den von Politik und Medien verordneten Klischees, steht außer Frage, dass die Leiter volkseigener Betriebe keine Unternehmer waren. Vielmehr werden sie als von der SED dirigierte Parteisoldaten, als Ausführende einer für Planwirtschaften verbindlichen zentralistischen Wirtschaftssteuerung von oben nach unten dargestellt.

Die mitunter an sie adressierte Kritik, dass nach der Wende zu wenig von ihnen zu hören war, ist sicher berechtigt. Nicht aber die Behauptung, dass sie im Vergleich zu anderen Sparten der DDR-Elite besonders zurückhaltend seien. Unter den DDR-Politökonomen ist nach meinem Eindruck der Anteil der Schweiger nicht geringer.

Nur Befehlsempfänger und Weisungsvollstrecker?

Zu den heute über die DDR-Verhältnisse in Politik und Medien allgemein herrschenden Klischees gehört, dass der Motor, der die DDR-Wirtschaft bewegte, in der Zentrale installiert war. Alle anderen Teilnehmer am Wirtschaftsleben nur Befehlsempfänger und Ausführende zentraler Weisungen gewesen seien. Geht man davon aus, wie der oberste Wirtschaftsfunktionär der DDR, Politbüromitglied Günter Mittag, die Generaldirektoren der DDR-Kombinate behandelte, die er zu den Terminen der Leipziger Messe zusammenrief, sie zu Selbstverpflichtungen über zu erbringende Wirtschaftsleistungen nötigte, sie manchmal wie »missratene Schulbuben« abkanzelte, möchte man diesen Plattitüden auch wirklich glauben.

Die Wirklichkeit im Gesamtbild, im normalen Wirtschaftsleben, aber war anders. Die Wirtschaftsleiter der DDR kommen diesen Klischees weniger nahe als der klassischen Definition des Unternehmers durch Joseph Alois Schumpeter, dem zweifellos bedeutendsten deutschen Unternehmens-Theoretiker. »Unternehmer« sei nicht ein anderes Wort für Eigentümer, sondern meine Menschen, die in der Wirtschaft wirklich etwas »unternehmen«.

Ich kannte mehrere Generaldirektoren und Werkdirektoren aus jahrelangen, manchmal jahrzehntelangen Verbindungen, die sich mit den Forschungen zu sozialen und ökonomischen Problemen des wissenschaftlich-technischen Fortschritts ergaben, die unser Forschungsbereich an der *Akademie für Gesellschaftswissenschaften beim ZK der SED (AfG)* durchführte. Manche dieser Leiter lernte ich persönlich näher kennen. Es waren durchweg starke Persönlichkeiten, hoch gebildet und hoch motiviert. Ein Direktor, der nur Befehlsempfänger und Ausführender der Weisungen übergeordneter Instanzen gewesen wäre, hätte sich in der DDR-Wirtschaft nicht lange in seinem Amt behauptet. Hätte er zum Beispiel die wiederholten Aufforderungen befolgt, »alle Reserven auf den Tisch zu legen«, hätte er seinen Betrieb schnell in größte Schwierigkeiten gebracht.

Zu den wichtigsten Eigenschaften sowie Fähigkeiten der Generaldirektoren der DDR-Kombinate und Leiter großer volkseigener Betriebe gehörte nach meinen Erfahrungen eine starke Produktverbundenheit. Meist schon von ihrem Berufsinteresse und ihrer Ausbildung her waren sie profunde Kenner ihrer Erzeugnisse und Herstellungsverfahren. Sie verfolgten aufmerksam die entsprechende Fachliteratur und besuchten Fachmessen. Die Förderung des wissenschaftlich-technischen Fortschritts in ihrem Verantwortungsbereich war ihnen ein Hauptanliegen.

Jedenfalls war von der in den kapitalistischen Wirtschaften zu beobachtenden Tendenz einer fortschreitenden Entfremdung zwischen Eigentümern, Managern einerseits und den in ihren Betrieben hergestellten Erzeugnissen andererseits nichts zu bemerken. Vorsätzlich in die Erzeugnisse eingebaute Fehler zum Beispiel, um die Lebenszeit der Produkte zu limitieren und auf diese Weise den Absatz zu steigern, waren in der DDR-Wirtschaft undenkbar.

Die fortschreitende Entfremdung zwischen dem Produkt und den Produzenten, Eigentümern und Managern gehört zur Geschichte des Kapitalismus. Die Verbindung war zwingend in den aus dem Handwerk erwachsenen kleinen und mittleren Betrieben und ist in diesem Wirtschaftsbereich auch heute noch kräftig. Aber bei den Anteilseignern von Kapitalgesellschaften ist die Verbundenheit zwischen Produkt und Eigentümern viel schwächer. Ein Aktionär von VW mag vielleicht noch Anteil am Schicksal des Volkswagens nehmen, das über das Interesse an Aktienkurs und Dividende hinausgeht; der Anteilseigner von Investmentfonds hingegen weiß noch weniger, wo sein Geld geblieben ist. Dem Kapital ist es gleich, ob es Rosenöl oder Schmierseife produziert, allein wichtig ist der Profit.

Für die Wirtschaftsleiter in der DDR war die Fokussierung auf die technische Entwicklung gerade deswegen die verlässlichste Orientierung für die interne Leitung und Planung der betrieblichen Entwicklung, weil das offizielle Lenkungssystem eine eigenverantwortliche langfristige Regelung und Organisation der Unternehmen nicht erlaubte.

Ökonomische Interessen

Falsch ist auch die Behauptung, dass DDR-Unternehmer keine Marktaktivitäten hätten aufbringen müssen, weil der Plan ihnen ja sowohl Lieferungen wie Bezüge an Gütern und Leistungen vorschrieb. Zumindest die Exporte in das »Nichtsozialistische Wirtschaftsgebiet« hätten den westlichen Berichterstattern hier einfallen müssen – sie waren nur durch aktive Marktstrategien zu erreichen. Wahr ist allerdings, dass DDR-Betriebe Marktpositionen auch durch Preisdumping besetzen konnten, weil der »Devisenhunger« sehr groß und der Effizienzdruck auf den Export gering war. Allerdings entspricht es auch den Tatsachen, dass die politische Diskriminierung der DDR dazu führte, dass DDR-Betriebe zum Beispiel für Maschinenexporte bei etwa gleichem Gebrauchswert der Erzeugnisse mitunter nur halb so viel erlösten. Insbesondere die westliche Embargopolitik und der damit einhergehende DDR-Devisenmangel trugen zu dieser Benachteiligung der DDR-Wirtschaft auf den Westmärkten bei.

Die DDR und die anderen sozialistischen Länder Europas haben den Wettbewerb mit den entwickelten kapitalistischen Ländern auf dem Feld des wissenschaftlich-technischen Fortschritts verloren. Sie unterlagen vor allem deswegen, weil sie nicht so robuste, gewaltige und gewalttätige Antriebe hervorbringen konnten, wie es Angst und Gier im Kapitalismus bewirken. Sie vermochten nicht einmal, ein ausreichendes materielles Interesse der Betriebe am ökonomischen Fortschritt, wie es ein viel größeres Interesse am Gewinn hätte sein müssen, zu erwirken. Das »Neue Ökonomische System« (NÖS), das in der DDR seit 1963 angestrebt wurde und das eine solche Tendenz begründen sollte, ist aus politischen Gründen gescheitert. Das Kernstück des NÖS, das Prinzip der Eigenerwirtschaftung der Mittel, welches die Verfügung über den Großteil der Investitionen in die Hände der Betriebe gelegt hätte, war mit dem zentralistischen politischen System unverträglich.

Im Wirtschaftssystem der DDR verfolgten Betriebe durchaus eigene Bestrebungen, für die sie energisch stritten. Das wichtigste Interesse war eine nicht zu hohe Beauflagung mit Aufgaben, vornehmlich der Produktionsmenge, und eine möglichst hohe Zuteilung von Ressourcen, vornehmlich von Investitionen und Arbeitskräften. Das primäre Augenmerk galt nicht dem möglichst effektiven Einsatz von Ressourcen. Erst nach dem Interessenaustrag mit der Zentrale über Plan-auflagen und Ressourcenzuteilung wurde die Steigerung der Effektivität als Anliegen wichtig. Dieses Interesse war gewis-sermaßen der Fluchtweg aus den Zwängen zwischen adminis-trativer Aufgabenaufteilung einerseits und der Ressourcenzu-weisung andererseits. Wenn die Produktion um zehn Prozent gesteigert werden sollte, aber keine höheren Arbeitskräftezah-len zugebilligt wurden, musste die Arbeitsproduktivität eben um zehn Prozent gesteigert werden. Wegen des Fehlens eines originären Interesses an der Effektivitätsseigerung wurden aber auch Wege gesucht, die eine höhere Produktion und Ar-beitsproduktivität statistisch auswiesen, aber keine wirkliche Effektivitätssteigerung waren. Der Übergang zu materialinten-siveren Sortimenten, die Steigerung bezogener Produktion, ist hierfür ein Beispiel.

Der Interessenaustrag zwischen Betrieben und der Zentra-le ist mit den heute dominierenden Klischees von Befehls-gebern und -empfängern nicht zu erklären. Sie waren eben nicht vergleichbar mit der Gegnerschaft in der kapitalisti-schen Konkurrenz. Die Direktoren der Kombinate, Betriebe und die zuständigen Industrieminister waren in aller Regel Mitglieder derselben Partei, duzten sich. Des Weiteren waren sie gemeinhin überzeugte Sozialisten, sahen in der wirtschaft-lichen Stärkung ihres Staates ihre entscheidende, alles über-greifende Aufgabe. Ohne dies in Rechnung zu stellen, ist der Wirtschaftsmechanismus der DDR nicht zu verstehen.

Natürlich waren die gesetzlichen Regelungen und staatli-chen Auflagen der allgemein verbindliche Rahmen wirtschaft-licher Entscheidungen. Ein Großteil der Regeln, Verfahren der Wirtschaftslenkung von den Kombinaten und Betrieben, aber lag außerhalb des staatlichen Reglements. Neben dem Planteil Wissenschaft und Technik hatten alle Kombinate, die ich kannte, interne Konzeptionen sowie Zielstellungen langfristiger technologischer Entwicklungen in ihren Schubladen, an denen relativ kontinuierlich gearbeitet wurde.

Ein nicht geringer Teil des Planungsgeschehens wurde lediglich als Dienstleistung für übergeordnete Organe verstanden, für die besondere Abteilungen eingerichtet waren. »Sieh bloß zu, dass wir in keine Planerfüllungsschwierigkeiten kommen und dann vielleicht Arbeitsgruppen der Bezirksleitung uns heimsuchen«, hörte ich einen Generaldirektor seinem Direktor für Produktion sagen. Die dem gesetzlichen Planungssystem zugehörigen Aktivitäten und die wirklichen Handlungsplanungen der Betriebe und Kombinate lagen zum Teil nebeneinander, überschnitten sich nur teilweise.

Der Fünfjahresplan, so wurde immer wieder öffentlich verkündet, sollte das »Hauptsteuerungsinstrument« der Wirtschaftslenkung sein. In Wirklichkeit aber war bis zum Ende der DDR die Planung und Planabrechnung der Jahrespläne entscheidend. Am 31. Dezember wurden die Wirtschaftsergebnisse abgerechnet und am 1. Januar »fing ein neues Leben an«, waren alle Ergebnisse des Vorjahres, alle Sünden und alle Verdienste »vergessen«. Natürlich wurden Aufwendungen für laufende Investitionen im neuen Jahresplan berücksichtigt. Wer aber hohe Planerfüllungen abrechnete, konnte wiederum hohe Planauflagen einkalkulieren. Die Betriebe aber brauchten langfristige Konzeptionen. Und die hatten sie auch – in einem betriebsinternen Planungs- und Lenkungssystem.

Die Befragung der Generaldirektoren und Direktoren der Kombinate und Betriebe der DDR ist eben deshalb so außerordentlich wichtig, weil die realen Mechanismen der Wirtschaftslenkung auch auf informellen, ungeschriebenen, aber allgemein verbindlichen Regeln beruhten. Darüber wird heute kaum geredet, auch nicht nachgefragt. Hierüber aufklären können vor allem die damals Beteiligten.

Die Hebel der Wirtschaftslenkung

Die Regeln und Mechanismen des Austrags betrieblicher und staatlicher Interessen in diesem Lenkungssystem sind verständlicherweise von besonders großer Bedeutung. In der Wirtschaftslenkung saß die Zentrale gewiss am stärkeren Hebel, die Betriebe aber am längeren. In entscheidenden wirtschaftlichen und langfristigen Entwicklungen erwiesen sich betriebliche und nicht staatliche Belange als ausschlaggebend – vor allem in der Entwicklung des Verhältnisses von Produktivität und Einkommen. Entgegen staatlichen Auflagen über die »Einheit von Wirtschafts- und Sozialpolitik« wuchsen die Einkommen stetig schneller als die Produktivität. Die realen Aufwendungen für Investitionsobjekte waren in aller Regel weit höher, als die staatlichen Auflagen dies vorsahen. Die unrhythmischen Produktionsentwicklungen – sehr hohe Steigerungen am Ende eines Jahres, aber auch eines Quartals, eines Monats und unterdurchschnittliche Steigerungen an deren Anfängen – waren zwar die Folge von staatlicher Planabrechnung, widersprachen aber dem staatlichen Kalkül und waren durch betriebliche Interessen verursacht.

Bei allem Streit im Interessenaustrag zwischen der Zentrale und den wirtschaftenden Einheiten wussten beide Parteien über diese informellen Bestimmungen genau Bescheid. So vermochten sie ferner abzuschätzen, wie weit sie gehen und welche Linien nicht überschritten werden konnten. Sowohl im volkswirtschaftlichen wie im Eigeninteresse vergaß keine der Seiten, dass sie auf die andere angewiesen war.

Diese komplizierten Wechselwirkungen zwischen offiziell geltenden, normativ formalisierten und informellen, nirgends codierten Regeln gab es auch in den Beziehungen zwischen den Leitern und den übrigen Betriebsangehörigen. »Ihr seid die Beauftragten der Arbeiterklasse«, hieß es in mancher offiziellen Verlautbarung. Kaum eine Führungskraft hätte das von sich selber gesagt, aber keiner hätte solche Behauptung auch zurückgewiesen. Der Großteil der Leiter stammte aus Arbeiterfamilien.

Aus dem *VEB Petrolchemisches Kombinat Schwedt (PCK)* erzählte man sich in diesem Zusammenhang folgende Anekdote: An einer Anlage arbeiten ein Ingenieur als Anlagenfahrer und ein Facharbeiter als sein Gehilfe. Sagt der Arbeiter zum Ingenieur: »Mein Sohn geht auf die Universität, deiner wurde nicht angenommen.« Erwidert der Ingenieur: »Aber mein Enkel wird auf die Universität kommen, deiner nicht.« – Dies hing mit der Bevorzugung von Arbeiter- und Bauernkindern bei Immatrikulationen zusammen, die zeitweise arge Blüten trieb.

Manche Direktoren hatten es sich zur Gewohnheit gemacht, ihre Betriebe regelmäßig – täglich oder einmal in der Woche restriktiv einmal im Monat – zu inspizieren. Einige Male hatte ich Gelegenheit, sie zu begleiten. Aufschlussreich war, mit wem und worüber sie sich kurz unterhielten. Es waren Arbeiter und Meister, es konnten Bekannte, Verwandte oder Mitglieder der Partei- oder Gewerkschaftsleitung, gegebenenfalls auch aktive Neuerer sein. Nach kurzem Nachfragen zu Familie und Gesundheit ging es meist um wichtige betriebliche Probleme.

Der wirtschaftliche Umbruch

Im Zuge der Wende wurden alle Leiter in den Betrieben, ob sie gewählt waren oder nicht, abgesetzt, gar vertrieben. Die Frage, warum sich die Betroffenen, die Belegschaften, das haben gefallen lassen, ist ein Teil der Frage, warum sie die Enteignung, die Privatisierung der volkseigenen Betriebe hingenommen haben. Es erklärt sich aus den Verhältnissen des Umbruchs überhaupt, aus den neuen Ängsten der Massenentlassungen, die wie eiskalte Stürme in den ostdeutschen Landen wüteten und massenhafte Lähmung der Widerstandskräfte, Entsolidarisierung erzeugten. Aber natürlich auch die Heilsbotschaften von den angeblich erblühenden Landschaften im Osten, den neuen Freiheiten und vor allem von der Einführung der Westmark in der DDR.

Nach der Währungsunion im Juli 1990 gerieten nahezu alle DDR-Betriebe in die Verlustzone. Der Verkauf von Betrieben, die weiter existieren sollten, geschah zum »Ertragswert«, das ist die zum herrschenden Zinssatz kapitalisierte Gewinnerwartung. Verlustbetriebe hatten natürlich keinen Ertragswert. Folglich wurden sie überwiegend zum symbolischen Preis von 1 DM verschenkt. Aber nur an westliche »Käufer«, die darüber hinaus noch einen beträchtlichen Verlustausgleich erhielten. Die meisten Betriebe wurden nach solchen Abschöpfungen dann dennoch erneut »angeboten«. Leiter ehemaliger DDR-Betriebe konnten ausgegliederte Betriebsteile nach dem *MbO-Verfahren* (Management by Objectives) kaufen, aber zu über 95 Prozent zum »Substanzwert«, das ist die Preissumme aller Vermögensteile. Außerdem wurden ihnen noch sogenannte – vom Bundesfinanzmisterium konstruierte – »DDR-Altschulden« aufgebürdet. Geschenkt wurde ostdeutschen Erwerbern nichts. Kein Wunder, dass nur etwa fünf Prozent der Treuhandverkäufe an Ostdeutsche gingen. *Gewonnen, und doch verloren* nannte Werner Bahmann – Chefkonstrukteur in der Berliner Werkzeugmachinenfabrik Marzahn – sein 2008 erschienenes Buch über das Schicksal dieses Betriebes und meinte damit die Eroberung des Weltmarktes zu DDR-Zeiten und dessen Liquidierung nach der Wende.

Forschung und Planwirtschaft – Zwischen Innovation und Improvisation

Heiner Rubarth

Ich erblickte 1940 in Breslau das Licht der Welt und erlebte all die Verwicklungen, die sich aus der schlesischen Herkunft und den Erfahrungen als sogenanntes Kriegskind ergaben. Am 20. Januar 1945 begann für meine Familie die »Flüchtlingsodyssee«. Wir verließen Breslau. Zehn Monate später – im Oktober 1945 – kamen wir in einem kleinen Dorf bei Mühlberg an der Elbe an.

Ab 1946 besuchte ich die Grundschule in Mühlberg. Nach acht Schuljahren absolvierte ich eine zweijährige Lehre zum Maschinenschlosser im VEB Schwermaschinenbau »Ernst Thälmann« (SKET) in Magdeburg-Buckau. *Dort arbeitete ich als Schlosser im Kran- und Walzwerkbau, bevor ich 1958 zum Studium an die* Ingenieurschule für Walzwerk- und Hüttentechnik *nach Riesa ging. 1961 machte ich meinen Abschluss und bekam eine Anstellung im* VEB Eisenhüttenkombinat Ost (EKO), *das damals noch den Namen »J. W. Stalin« trug. Ich hatte einen Absolventenvertrag erhalten, in dem festgeschrieben war, dass ich als Mechaniker im Warmwalzwerk eingestellt werde – allerdings wurde das Werk erst nach der Wende im Jahr 1997 in Betrieb genommen. Gleichwohl hielt ich dem Kombinat fünfundzwanzig Jahre lang die Treue. Letzt-*

lich war ich als stellvertretender Generaldirektor des VEB Bandstahlkombinat »Hermann Matern« *tätig, dessen Stammbetrieb das EKO war.*

Nach einem Jahr Parteihochschule in Berlin übernahm ich 1986 die Funktion des stellvertretenden Generaldirektors im VEB Werkzeugmaschinenkombinat »7. Oktober« Berlin (SOB). *1988 wurde ich zum Generaldirektor des* VEB Kombinat Elektromaschinenbau (KEM) *in Dresden berufen und leitete dieses 1989/90 in eine Aktiengesellschaft über.*

1991 schied ich aus dem Unternehmen aus und wandte mich dem Bauwesen zu. In den folgenden zehn Jahren wirkte ich für verschiedene Konzerne im Baumaschinenbereich, bevor ich mich 2001 als Unternehmensberater selbstständig machte. Ich spezialisierte mich auf die Sanierung insolventer Firmen und habe bis heute mehr als fünfundzwanzig Betriebe wieder konkurrenzfähig gemacht.

Innovation und Improvisation
in der DDR-Industrie

Ich pflege seit Langem ein Hobby: Wenn ich in der Welt unterwegs bin, achte ich darauf, welche Motoren in den unterschiedlichsten Maschinen eingebaut sind. Bisher ist mir auf jeder Reise wenigstens ein Motor aus der Produktion des DDR-Elektromaschinenbaukombinats untergekommen. Selbst im Hafen einer Südseeinsel entdeckte ich vor einigen Jahren an einer Motorwinde das mir wohlbekannte Markenzeichen. Wie schrieb Goethe einst in seinem *Faust?* »Es kann die Spur von meinen Erdentagen nicht in Äonen untergeh'n.« Die Motoren, die wir bauten, waren keine »Eintagsfliegen«. Sie haben die DDR überlebt und sie werden sogar uns überdauern.

Nachhaltig sind auch die Erfahrungen, die ich während meiner jahrzehntelangen Tätigkeit in der DDR-Wirtschaft sammelte. Sie bilden eine solide Grundlage, um in den aktuellen Verhältnissen zu bestehen, Ergebnisse zu bringen und Leistungen abzufordern. Mit anderen Worten: Sie machen sich bezahlt für mich und meine Firmenkunden. Heute besteht meine Aufgabe darin, in Zusammenarbeit mit Insolvenzberatern die Potenziale der Betriebe zu finden und sie durch Innovation und mit Improvisation wieder lebensfähig zu machen. Meine Erfolgsquote liegt bei mehr als fünfundneunzig Prozent, worauf ich stolz bin.

Aber nicht minder stolz bin ich auf Vieles, was wir in der DDR vollbrachten. Denn das Prinzip, wirtschaftlich zu denken, galt durchaus auch dort. Denken war immer erlaubt. Innovation und Improvisation waren für uns keine Fremdwörter, sondern Standards, mit denen wir Lösungen fanden. Viele Menschen wirkten daran mit. Manche der Ergebnisse – wie beispielsweise die Motoren unseres Elektromaschinenbaukombinats – kann man heute noch begutachten. Sie sind mit dem Wirtschaftssystem nicht untergegangen, sondern haben Bestand und sind noch immer von Nutzen. Seit Jahrzehnten bewähren sie sich in mehr als fünfzig Ländern, darunter viele westliche.

Forschung und Entwicklung in den Kombinaten

Zur Erfolgsgeschichte der Kombinatsbildung gehört es, dass sie den Prozess der Innovation in den Industriebetrieben beförderte. So führten die Kombinate nicht nur die Kapazitäten auf der Produktionsebene, sondern auch seitens der Forschung und Rationalisierung zusammen. Alle für die Produkt- und Produktionsgestaltung relevanten Prozesse waren quasi »unter einem Dach« vereint – von der Erforschung und Entwicklung der Produkte (sowohl für das Inland als auch für den Export) über die Produktion bis hin zur erweiterten Reproduktion. Das heißt, die Kombinate waren in die Lage versetzt und zudem verpflichtet, in die Verbesserung und Erweiterung ihrer Erzeugnispalette zu investieren. Dadurch war der Innovationszweig schlagkräftiger und die Betriebe gestalteten ihren Reproduktionsprozess – in Übereinstimmung mit dem zentralen Planungssystem – selbst.

Ein prägnantes Beispiel für die Zusammenführung von Forschung und Entwicklung war der Werkzeugmaschinenbau in der DDR. Betrachten wir zunächst die Kombinatsaufteilung dieses großen Wirtschaftsbereichs: Alle Werkzeugmaschinen der Umformtechnik, also der spanlosen Formgebung, wurden im *VEB Kombinat Umformtechnik »Herbert Warnke« Erfurt* konzentriert. Die Werkzeugmaschinen der spanabhebenden Formgebung von Rundteilen waren im *VEB Werkzeugmaschinenkombinat »7. Oktober« Berlin* vereint. Im *VEB Werkzeugmaschinenbaukombinat »Fritz Heckert«* in Karl-Marx-Stadt waren die Maschinen der spanabhebenden Formgebung von prismatischen Teilen zusammengeführt. Der vierte im Bunde der Branche war der *VEB Werkzeugkombinat Schmalkalden*. Dieser Großbetrieb deckte den gesamten Produktbereich der Werkzeuge ab. Alle vier Kombinate waren miteinander verbunden – anfangs durch die *Vereinigung Volkseigener Betriebe Werkzeugmaschinen und Werkzeuge (WMW)* und später durch das *Ministerium für Werkzeug- und Verarbeitungsmaschinenbau (MfWV)*. Zudem unterhielten sie ein gemeinsames Forschungszentrum, das in Karl-Marx-Stadt angesiedelt war. Schwerpunktmäßig befasste sich dieses Zentrum mit kombinatsübergreifenden Wissenschaftsprojekten. Darüber hinaus gab es Forschungskapazitäten in den Kombinaten selbst.

Eine andere Lösung hatten wir im Bereich des Elektromaschinenbaus gefunden. Hier existierte kein zentrales Institut, in dem Forschung und Entwicklung aller beteiligten Betriebe zusammengeführt wurden. Unser Kombinat vereinte die gesamte Produktion von rotierenden elektrischen Maschinen in sich – vom kleinsten Motor für den Antrieb einer Kamera oder eines Tonbandgeräts bis hin zur Großmaschine von mehreren Megawatt. Die jährliche Produktion lag Ende der Achtzigerjahre bei zwölf Millionen Elektromaschinen in einer Vielfalt von – sage und schreibe – einhunderttausend Varianten. Die Forschung musste also nicht in einem zentralen Institut organisiert werden. Sie hatte ihren Platz direkt im Kombinat.

In unserem Forschungs- und Entwicklungsbereich waren etwa eintausend Menschen beschäftigt – im gesamten Kombinat hatten wir dreißigtausend Mitarbeiter. Nun lässt sich fragen, ob der Forschungszweig wirklich so groß sein musste. Tatsächlich wurde er auf Gebiete ausgedehnt, die nichts mehr mit der eigentlichen Renovation und Eruierung neuer Produkte und Technologien zu tun hatten. So waren auch der Werkzeug- und der Rationalisierungsmittelbau – die Produktion von Ersatzteilen oder Maschinen für den innerbetrieblichen Bedarf – diesem Bereich zugeordnet. Hier spielte Improvisation eine nicht zu unterschätzende Rolle.

Denn der außerordentlich erfolgreiche und starke Maschinenbau der DDR war weitestgehend exportorientiert – die Produkte standen nicht in ausreichendem Maße dem nationalen Bedarf zur Verfügung, sondern wurden in die RGW-Staaten sowie ins westliche Ausland verkauft. Die Bedürfnisse der Kombinate nach neuen Ausrüstungen konnten aus diesem Grund nicht vollständig befriedigt werden. Der Export hatte immer Vorrang!

Welchen Ausweg gab es aber, um den heimischen Bedarf zu decken? Wir wussten, dass wir gut ausgebildete, fähige und engagierte Ingenieure in den Kombinaten hatten. Nichts lag näher, als diese Kapazitäten zu bündeln und sie mit innerbetrieblichen Projektierungs- und Konstruktionsaufgaben zu betrauen. So erhöhten wir den Anteil an Eigenleistungen; wir investierten in die Entwicklung unserer eigenen Produktionsanlagen. In Gestalt des Rationalisierungsmittelbaus gelang dies in vielen Betrieben.

Bevor ich stellvertretender Generaldirektor im Bandstahlkombinat wurde, leitete ich dort den Bereich Projektierung und Konstruktion. Mir waren etwa zweihundertfünfzig Ingenieure unterstellt, die für die Anlagen im Kombinat entscheidende Entwicklungsarbeit auf technologischem und technischem Gebiet leisteten. Dazu gehörte auch die Erarbeitung von innovativen Verfahren. Ein Beispiel stellte die Prozedur zur Beschichtung von Bandstahl im Hochvakuum dar. Dieses wurde in Zusammenarbeit mit dem Forschungsinstitut von Professor Manfred von Ardenne – dem einzigen privatwirtschaftlich organisierten Forschungsinstitut in der DDR – entwickelt und 1969 im *VEB Kaltwalzwerk Bad Salzungen* in Betrieb genommen.

Improvisation im Produktionsprozess

Ende der Siebzigerjahre stand der DDR-Elektromaschinenbau vor einem speziellen Problem. Wir begannen eine Reihe von Standardmotoren zu entwickeln, die vorrangig für den Export vorgesehen waren. Das dafür benötigte spezifische Elektroblech, das an entscheidender Stelle im Motor eingebaut werden musste, wurde in der DDR nicht produziert. Für seine Herstellung waren spezialisierte Anlagen nötig, die uns nicht zur Verfügung standen. Es war nicht absehbar, dass der Aufbau solcher Anlagen in naher Zukunft gelingen würde, genauso wenig bestand die Möglichkeit, die Bleche auf Dauer für die Produktion der Motoren zu importieren. Folglich war Improvisation vonnöten. Die Wissenschaftler des Kombinats Elektromaschinenbau und des Bandstahlkombinats setzten sich zusammen und erfanden eine Technologie, die noch heute eingesetzt wird. Dabei handelte es sich um das »Semi-finished Dynamoband«, ein halbfertiges Produkt, das bis zu einer bestimmten Veredelungsstufe in Eisenhüttenstadt produziert wurde und nach dem Stanzprozess im Elektromaschinenbaukombinat in Dresden fertiggestellt werden konnte. Es erreichte die angestrebten elektrischen Werte und kostete uns in der Produktion wesentlich weniger als der Blech-Import. Immerhin wurde das Semi-finished Dynamoband in einer Größenordnung von über einhunderttausend Tonnen jährlich produziert. Diese innovative Entwicklung war für uns also von großer wirtschaftlicher Bedeutung und sie verdeutlicht einmal mehr, dass Innovation und Improvisation sich nicht gegenseitig ausschließen.

Innovation durch zuverlässige Handelspartnerschaft

Anfang der Achtzigerjahre hatte die Regierung der DDR den Import eines schlüsselfertigen Konverterstahlwerks beschlossen. Es war meine letzte große Aufgabe als stellvertretender Generaldirektor des Bandstahlkombinats, die Errichtung und Inbetriebnahme des Stahlwerks zu leiten. Meine Mitarbeiter und ich standen vor der Herausforderung, eine völlig neue Technologie einzuführen, die niemand in unserem Land kannte.

Wir stellten eine schlagkräftige Truppe zusammen – bestehend aus Vertretern des Bandstahlkombinats und des *Zentralinstituts für Metallurgie*. Nachdem wir uns grundlegend mit der Anlagen- und Verfahrenstechnik befasst hatten, reisten wir zu Herstellern in der ganzen Welt, um die für uns geeignete Technologie zu finden. Mit vier führenden Großkonzernen, die in der Lage waren, solche Werke zu bauen, standen wir in engerem Kontakt. Über zwei Jahre zogen sich die Verhandlungen hin. Letztlich kamen wir mit dem österreichischen Staatskonzern VÖEST-Alpine AG ins Geschäft. Die Entscheidung für die Österreicher war auch eine politische und wurde auf höchster Ebene abgesegnet. Aufgrund des Technologie-Embargos durch die meisten westlichen Staaten war es für die DDR von zentraler Bedeutung, gute Wirtschaftsbeziehungen zum neutralen Österreich zu unterhalten. Für uns in Eisenhüttenstadt stand jedoch die Qualität der gelieferten Ausrüstung im Vordergrund.

In einem *fünftausendseitigen* Vertrag wurden alle Details des geplanten Geschäfts niedergelegt, unter anderem auch die Beteiligung zahlreicher DDR-Betriebe an dem Projekt. Schließlich bestand unser Auftrag an die Österreicher darin, uns einen kompletten metallurgischen Betrieb im Wert von fünf Milliarden Mark der DDR zu errichten. Wir konnten nicht leichtfertig sagen: »Liefert uns mal ein Stahlwerk, das soundso viele Tonnen an Qualitätsstahl produziert und wir bezahlen euch das!« Es musste detailgenau festgelegt werden, welche technologischen und technischen Anforderungen zu erfüllen waren, welche Auflagen es für den Umweltschutz gab, welche ökonomischen Faktoren zu berücksichtigen waren.

Zur Vertragsunterzeichnung kam es im März 1981. Genau dreieinhalb Jahre später konnte im neuen Konverterstahlwerk die erste Charge Stahl erzeugt werden. Wir waren stolz darauf, dass das Werk den Betrieb termingerecht aufnahm, zudem unter Einhaltung der vorgegebenen Kosten. Wir hatten bewiesen, ein guter und zuverlässiger Handelspartner zu sein.

Durch die neueste Stahlherstellungstechnologie konnte dem DDR-Maschinenbau mehr hochwertiger Stahl zur Verfügung gestellt werden. Das brachte auch dort einen Innovationsschub hervor.

Dass »unser« Stahlwerk eine technische Meisterleistung darstellte, lässt sich daran erkennen, dass es bis heute in seinen Grundzügen funktions- und marktfähig ist – obwohl es inzwischen fast dreißig Jahre »auf dem Buckel hat«.

Zum Wohle der Menschen

Am 19. Juli 1989, mitten im Jahr der politischen Wende, gab ich der *Sächsischen Zeitung* ein Interview zu dem Thema *Plan und Markt – ein Gegensatz. Wirken Vorzüge der Planwirtschaft automatisch?* Der Journalist fragte mich unter anderem, ob all das, was wir produzieren, nicht auch ohne Planwirtschaft möglich sei. Meine Antwort lautete: »Ja, Elektromotoren lassen sich natürlich auch ohne sozialistische Planwirtschaft produzieren. Der Unterschied zwischen den Systemen liegt doch nicht darin, ob der eine plant und der andere nicht. Jeder, der etwas auf dem Markt will, muss genau wissen, was, wann, zu welchen Bedingungen gefordert wird und was ich deshalb tun muss. Wer das nicht plant, der kann nur Verluste machen – auf jedem Markt. Ich kenne eine große Zahl westlicher Konzerne aus eigener Anschauung und die planen diese Wirkung auf dem Markt sehr sorgfältig. Hier liegt der Unterschied zwischen Marktwirtschaft und sozialistischer Planwirtschaft *nicht*. Der liegt eindeutig in ihrer gesellschaftlichen Zielsetzung –

dort die eindeutige Orientierung am höchsten Profit für den kapitalistischen Eigentümer, hier die eindeutige Orientierung am Wohl der Gesellschaft.«

Für die meisten Wirtschaftsfunktionäre in der DDR galt der Leitspruch: »Wir arbeiten zum Wohle der Menschen!« Das hatten wir wirklich verinnerlicht. Es war nicht nur ein Lippenbekenntnis, sondern wir lebten diese Idee. In unseren Portemonnaies spiegelte sich unser Einsatz jedenfalls nur sehr mager wider. Wenn ich nach der Wende gefragt wurde, was ich als Generaldirektor in der DDR verdient habe, dann konnte ich wahrheitsgemäß berichten, dass die Klofrau am Frankfurter Hauptbahnhof am Ende des Tages mehr Geld in der Tasche hatte als ich. Allerdings hat mir kaum einer der westdeutschen Gesprächspartner geglaubt. Die Zeitungen schrieben damals allzu oft von den Privilegien, die wir in der DDR angeblich genossen hatten und davon, dass wir als »Wirtschaftsbosse« in Saus und Braus lebten.

Auch bei einer dieser wilden Versammlungen, die es im Wendejahr 1989 gab, fiel der Vorwurf der Privilegien. Die Zusammenkunft fand im großen Kulturhaussaal des Sachsenwerkes in Dresden statt. Über eintausend Menschen hatten hier Platz gefunden. Ich nahm die Gelegenheit wahr, die Anwesenden aufzuklären: »Wisst Ihr was? Soll ich Euch sagen, was ich für Privilegien hatte! Als ich hier nach Dresden kam, durfte ich in einer Hochhauseinzimmerwohnung wohnen, musste darum kämpfen, einen Telefonanschluss zu bekommen, und hatte das Privileg, mit einem Dienstwagen in die fünfzehn Betriebe des Kombinats gefahren zu werden – mit dem Zug hätte ich es nämlich zeitlich nicht geschafft. Das war's auch schon. Ansonsten habe ich gearbeitet – wie Ihr.«

Materielle Vorteile und Bevorzugungen waren also nicht der Grund für das Engagement von uns Generaldirektoren. Wir verfolgten andere Ziele, die mit dem Ideal der sozialistischen Gesellschaft zu tun hatten. Viele haben unsere Bemühungen anerkannt. Es ist aber auch richtig, dass sie am Ende nicht ausreichend Früchte getragen haben. Was wir den Menschen in der DDR bieten konnten, waren zwei wesentliche Dinge: eine vernünftige Lebensaufgabe und ein sicheres sowie auskömmliches Leben. Jeder, der es wollte, konnte eine Arbeit finden und damit eine sinnvolle Aufgabe erfüllen und jedem hat die Arbeit ein Dach über dem Kopf und das leibliche Wohl finanziert. Dieses Leben bot allerdings kaum Luxus und das hat den Menschen nicht mehr gereicht. Mit der Zeit entwickelte sich das Bedürfnis – über die bloße Existenzsicherung hinaus – mehr haben zu wollen. Die Menschen verglichen ihr alltägliches Leben mit dem, was sie im Westfernsehen sehen konnten. Dem kam die Realität in keiner Weise nahe. Wir boten weder das, was die Menschen sahen und erstrebenswert fanden, noch lieferten wir ihnen ein Pendant. Wir vernachlässigten, ihnen deutlich zu machen, warum die Güter aus dem Westen nicht auch bei uns zu haben waren, und wiesen nicht überzeugend genug auf die Vorzüge unseres Landes hin. Irgendwann kam zwangsläufig der Zeitpunkt, an dem die Menschen sich fragten, warum sie das, was sie wollten, nicht haben konnten und warum das für alle Zeit so bleiben sollte. So brach sich der Frust seine Bahn...

Allen Irrungen und Wirrungen zum Trotz – einen Vorwurf muss sich das untergegangene Gesellschafts- und Wirtschaftssystem der DDR nicht machen lassen: Dass es nur Wenige bereichert hat und an die Vielen niemals dachte.

Norbert Langhoff

Geboren wurde ich 1935 in Lodz, habe im thüringischen Sondershausen das Abitur absolviert und danach in Berlin den ehrenwerten Beruf des Feinmechanikers erlernt. Die Ausbildung schloss ich 1955 als Facharbeiter ab und begann ein Studium der Automatisierungstechnik an der Hochschule für Elektrotechnik (HfE) *in Ilmenau. Nach fünf Studienjahren erwarb ich den akademischen Grad des Diplom-Ingenieurs. Anschließend ging ich an die* Akademie der Wissenschaften *und war dort bis 1970 als Entwicklungsingenieur sowie wissenschaftlicher Mitarbeiter tätig. Als Fünfunddreißigjähriger übernahm ich die Leitung des »Zentrums für wissenschaftlichen Gerätebau« an der Akademie. 1974 schloss ich meine Promotion an der Hochschule in Ilmenau ab und 1985 folgte die Habilitation an der* Akademie der Wissenschaften. *Daraufhin wurde ich zum Professor berufen. Nach der Abwicklung der Akademie 1991 gründete ich zwei Jahre später mein eigenes privatwirtschaftlich geführtes »Institut für wissenschaftlichen Gerätebau« am Standort in Berlin-Adlershof, das bis heute erfolgreich existiert und fast dreißig Mitarbeiter beschäftigt.*

Kreatives Potenzial in der Forschung nicht ausgeschöpft

Während meiner Tätigkeit an der *Akademie der Wissenschaften* war ich gelegentlich mit dem Präsidenten Werner Scheler unterwegs. Bei Besuchen in Industriekombinaten stellte er mich gern als den »Generaldirektor der Handwerker in der Akademie« vor. Ich empfand das als eine besondere Würdigung meiner Arbeit. Das deutsche Handwerk hat einen guten Ruf und wie der Volksmund sagt »einen goldenen Boden«. Ich stamme übrigens aus einer Handwerker-Unternehmerfamilie.

Forschung und Markt

Aus meiner früheren Tätigkeit am »Zentrum für wissenschaftlichen Gerätebau« habe ich eine entscheidende Erkenntnis in die Neuzeit mitgenommen: Jegliche bedeutende Innovation, wenn wir sie vorantreiben wollen, ist auf eine enge Zusammenarbeit mit der wissenschaftlichen Grundlagenforschung angewiesen. Was die heutige Bundesrepublik auszeichnet, ist, dass wir über eine bunte Forschungslandschaft verfügen. Ich denke an die Institute der *Max-Planck-Gesellschaft*, an die *Leibniz-Gemeinschaft* sowie die *Fraunhofer-Gesellschaft*. Industrieforschung ist in der Regel angewandte Wissenschaft und kann nicht das leisten, was in der organisierten Grundlagenforschung erreicht wird. Vor den Generaldirektoren der volkseigenen Kombinate »ziehe ich meinen Hut«; sie hatten in jeglicher Hinsicht einen schweren Stand.

Die fehlende Einbindung der DDR-Industrie in die internationale Forschungs- und Entwicklungslandschaft war außerordentlich hinderlich. Zudem gab es keinen unmittelbaren Kontakt und Vergleich mit den Wettbewerbern, keine hautnahen Auseinandersetzungen mit dem Markt. Die Spezialisierung und Sortimentsbereinigung wurde im Rahmen des *Rates für gegenseitigen Wirtschaftshilfe (RGW)* entschieden, war also letztlich politisch determiniert. Diese einseitige Abhängigkeit von den osteuropäischen Märkten hat der Konkurrenzfähigkeit auf den westlichen Märkten geschadet. Demgegenüber wurden von den Generaldirektoren Produkte erwartet, mit denen hohe Devisenerlöse erzielt werden konnten. Das konsequent durchgesetzte Außenhandelsmonopol hat der Wirtschaft drastisch geschadet. Die politisch zugelassenen Ausnahmen (wie zum Beispiel Schalck-Golodkowski) haben gezeigt, wie es hätte besser laufen können. Das Kombinat *VEB Carl Zeiss Jena* hatte eine besondere Stellung aus einer Reihe von objektiven und subjektiven Gründen im DDR-Wirtschaftssystem. Aber auch hier lief die Zusammenarbeit zwischen dem Akademieinstitut und den Universitäten auf der einen Seite und dem *Carl-Zeiss-Forschungszentrum* auf der anderen Seite nicht optimal.

Fehlende Innovationsmotoren

Schwierig war es für die Generaldirektoren, dass es keine Wechselwirkungen zwischen den innovativen kleinen sowie mittleren Unternehmen und den großen Kombinaten gab. Denn Mitte der 1970iger Jahre wurden die noch existierenden privaten kleinen und mittleren Betriebe verstaatlicht und überwiegend in die Kombinate eingegliedert. Damit sind viel technologisches Know-how und Westexport verloren gegangen. Die in dieser Periode von der Akademie im Rahmen des eigenen wissenschaftlichen Gerätebaus übernommenen Betriebe haben ihre Selbständigkeit beibehalten sowie das Sortiment qualitativ und quantitativ verbessern können. Diesen Unternehmen ist daher auch zu Wendezeiten der Übergang in die Marktwirtschaft leicht gefallen. Zum Innovationspotenzial der DDR ist festzustellen:

Die Grundlagenforschung in den Akademieinstituten und Universitäten war nicht so ausgeprägt wie in der BRD. Aufgrund politisch determinierter Vorgaben dominierte die angewandte Forschung. Hier funktionierte die Zusammenarbeit mit den Wissenschaftszentren der Industrie in vielen Bereichen recht gut. Für den erfolgreichen Technologietransfer gibt es eine Reihe von Beispielen, wie die Verfahrens- und Anlagenentwicklung für die Herstellung physikalisch hochreinen einkristallinen Siliziums für die Halbleiterindustrie.

Den politischen Wirtschaftsführern der DDR war offenbar nicht bewusst, dass eine leistungsfähige, flexible Volkswirtschaft aus einem gesunden Verhältnis von Groß-, Mittel- und Kleinunternehmen besteht. Dabei profitieren die großen Unternehmen von den Innovationen der kleinen Betriebe. In der DDR, deren Wirtschaft von den großen Kombinaten geprägt war, existierte dieser Innovationsmotor nicht. Vielmehr haben die wenig ausgeprägte Arbeitsteilung und die ungeheure Fertigungstiefe der Kombinate zu einer niedrigen Arbeitsproduktivität geführt. Darunter hat die DDR-Wirtschaft gelitten.

Handel – Zwischen Wettbewerb und Kooperation

Herbert Roloff

Ich bin Jahrgang 1936. Meine frühe Kindheit verbrachte ich in Stettin, in Westpommern. 1943 wurde unsere Familie ausgebombt und nachdem wir zunächst bei der Cousine meiner Mutter unterkamen, siedelten wir in eine eigene Wohnung nach Rostock über.

In Wismar begann ich 1951 eine Schlosserlehre. Nach meinem Abschluss ging ich zurück nach Rostock an die Arbeiter-und-Bauern-Fakultät (ABF)*, wo ich meine spätere Frau kennen lernte. Nach zwei Jahren wurde ich an die ABF II in Halle an der Saale delegiert und absolvierte dort – gemeinsam mit Christa Luft – das Abitur. Ich hegte den Wunsch, in Leningrad Schiffbau zu studieren. Nachdem 1956 meine Tochter geboren wurde, entschied ich mich jedoch dafür, in der DDR zu bleiben, nahm ein Studium an der* Technischen Hochschule Magdeburg *auf und schloss dieses 1962 als Diplom-Ingenieur ab.*

Bevor ich 1968 im Außenhandelsbetrieb (AHB) Industrieanlagen-Import *in Berlin anfing, war ich verantwortlicher Redakteur der Zeitschrift* Schweißtechnik. *1980 erfolgte meine Berufung zum Generaldirektor des* Volkseigenen Außenhandelsbetriebes Industrieanlagen-Import (VE AHB IAI). *In dieser Funktion*

übernahm ich verschiedene weitere Aufgaben als Mitglied des Auf-
sichtsrats der Deutschen Außenhandelsbank AG (DABA),
Mitglied des Handels- und Wirtschaftsrats DDR - USA *und Mit-*
glied des Handels- und Wirtschaftsausschusses DDR -*Japan.*

Im März 1990 bin ich als Generaldirektor des AHB *Industrie-*
anlagen-Import abberufen und zu dessen Geschäftsführer ernannt
worden. Bereits im August des gleichen Jahres kündigte ich den Pos-
ten und schied aus dem Betrieb, nicht aber aus dem Berufsleben. Ich
arbeitete weiter, zunächst als Generalmanager eines deutsch-ameri-
kanischen Konzerns und dann als geschäftsführender Gesellschafter
einer GmbH, die sich vorrangig mit dem Export von Fleischverar-
beitungsausrüstungen befasste.

Außenwirtschaftliche Aufgaben und Zwänge – Der mustergültige Vorgang »DDR – VW AG«

Die Arbeit im *Volkseigenen Außenhandelsbetrieb (AHB) Industrieanlagen-Import* gestaltete sich zuweilen so: An einem strahlend hellen Sonntagmorgen, beispielsweise im Januar des Jahres 1986, klingelt beim AHB-Generaldirektor zu Hause das Telefon. »Herbert, die Serviceleute von der VÖEST müssen sofort kommen!«, tönt es vom anderen Ende der Leitung. Der AHB-Generaldirektor erkennt die Stimme von Professor Karl Döring, dem Generaldirektor des *VEB Bandstahlkombinates »Hermann Matern«*, und denkt bei sich: »Aha, eine Quasi-Katastrophe ist wieder einmal eingetreten.« Ohrenfällig gibt er zu bedenken: »Wie stellst du dir das vor? Es ist Sonntag und zudem ein verlängertes Wochenende; die Leute sind sicher im Ski-Urlaub oder anderweitig mit ihren Familien beschäftigt.« »Das ist deine Sache! Aber die Leute müssen her!«, schmettert es aus dem Telefonhörer, bevor der Piepton erklingt. Aufgelegt! »Na, dann wollen wir mal«, denkt sich der AHB-Generaldirektor, reibt sich die Hände und »trommelt« die Leute zusammen. Ohne viel Aufhebens kommen sie alle, um gemeinsam der Quasi-Katastrophe Einhalt zu gebieten.

In diesem Fall war ein technisches Problem im Konverterstahlwerk eingetreten, das die Mitarbeiter des Werks alleine nicht lösen konnten. Dem *Außenhandelsbetrieb (AHB)* oblag es – aufgrund der noch laufenden Garantien –, seinen Partner, den ausländischen Lieferbetrieb, voll in die Pflicht zu nehmen.

Davon war die Arbeit im DDR-Außenhandel vor allem geprägt: Alle – und das nehme ich nicht nur für die Leitungsebene, sondern auch für unsere Mitarbeiter in Anspruch – waren stets bemüht, *gemeinsam* Lösungen zu finden, wenn Probleme auftraten. Es herrschte eine solche Kameradschaft und Solidarität untereinander, dass wir uns noch heute auf den zwei-jährlichen Betriebstreffen getreu in die Augen schauen und uns freuen, diese Arbeit seinerzeit miteinander vollbracht zu haben.

Die Aussage hat insofern Gewicht, da viele der Mitarbeiter, die Erfahrungen in Beschäftigungsverhältnissen nach der Wende gemacht haben, diese Einschätzung bekräftigen. Hinzu kommt, dass insbesondere die damals noch jüngeren Mitarbeiter, die heute noch beschäftigt sind, diese Einschätzung im *neuen* Leben mehr als bestätigt ansehen.

DDR-Außenhandel – Ein festgefügtes Monopol?

Die Verfassung der DDR sah das Außenhandelsmonopol des Staates vor (Kapitel 2, Artikel 9, Absatz 4 und 5 vom 6. April 1968 in der Fassung vom 7. Oktober 1974). Das heißt, der Staat schuf Strukturen für den Außenhandel, um die Einfuhr und Ausfuhr von Gütern und Leistungen sowie die Valutaströme in Umfang und Richtung zu bestimmen und zu kontrollieren. Zudem sollten die staatlich geschaffenen Handelsorgane ermöglichen, Zahlungsbilanz-Ungleichgewichte zu erkennen und abzubauen sowie Richtungen der Handelsbeziehungen festzulegen.

Die gegründeten Außenhandelsbetriebe waren solche Organe, obwohl sie ihren geltenden Statuten gemäß volkseigene Betriebe mit wirtschaftlicher Rechnungsführung waren. Sie wurden durch den Generaldirektor in Einzelverantwortung nach kollektiver Beratung geführt und stellten somit auch in ihrem Handeln »juristische Personen« dar. Anders ausgedrückt: Sie bildeten eine juristische Einheit, die aufgrund hoheitlicher Anerkennung rechtsfähig war. Gerade diese Stellung spielte im Übrigen 1990 bei der Liquidierung der Außenhandelsbetriebe eine bedeutende Rolle.

Die Stellung des DDR-Außenhandelsbetriebes im Wirken

nach außen erforderte eine äußerst vertrauensvolle, enge Zusammenarbeit zwischen sämtlichen Beteiligten im Inland. Es gab auf allen Ebenen das gemeinsame Bestreben, die besten Ergebnisse zu erzielen, wenn auch Probleme wegen der Komplexität und der Tiefe der Kooperationsbeziehungen – in fast allen Bereichen der DDR-Industrie – nicht ausblieben.

Das Credo der Arbeit als Generaldirektor eines solchen Betriebes war bestimmt durch die direkte Ansprache von Problemen an die Generaldirektoren der beteiligten Kombinate – stets in dem Bemühen, schnell und unbürokratisch Lösungen zu finden, die die etwaige Sache voranbrachten.

Der Umgang mit den ausländischen Vertragspartnern gestaltete sich ähnlich: Die sachliche direkte Erörterung von Komplikationen war der Schlüssel zum gemeinsamen Erfolg. Immer wurden beiderseits akzeptable Kompromisse und Lösungen angestrebt, um die gemeinschaftliche Unternehmung voranzutreiben. Aber bereits das kleine Wort *gemeinsam* konnte durchaus in manchen Kreisen für Verwirrung sorgen, denn es handelte sich ja um den »Klassenfeind«. Doch oftmals war verkannt worden, dass es immer um Interessensausgleiche ging, die allen Beteiligten manchmal auch »Schmerzen« bereiteten. Letztlich ging es um eine ganz »profane« Sache, nämlich Geld.

Das »Projekt DDR – VW AG«

Bereits Anfang der Achtzigerjahre war der DDR-Führung mehr oder weniger klar geworden, dass aus gesamtvolkswirtschaftlichen Motiven sowie aus Gründen des Umweltschutzes für den in den Pkw *Trabant* und *Wartburg* sowie dem Kleintransporter *Barkas* eingesetzten Zweitaktmotor ein Ersatz gefunden werden müsste. Der vergleichsweise hohe Verbrauch an Benzin und Öl sowie die Abgassituation verlangten nach einer Alternative.

Um in einem überschaubaren Zeitraum eine grundlegende Veränderung und vor allem Verbesserung zu erreichen, kam als Lösung nur der Import einer entsprechenden möglichst ausgereiften Entwicklung infrage.

Die Länder des *Rates für gegenseitige Wirtschaftshilfe (RGW)* schieden – nach erfolgten Recherchen – aus, da sie entweder selbst, meist bereits seit Jahren, Lizenzproduktionen aus westlichen Industrieländern betrieben, wie die Sowjetunion und Polen, oder der Entwicklungsstand keine wirkliche Alternative bot. So kamen für die DDR als mögliche Lizenzgeber nur westliche Industrieländer ernsthaft in Betracht.

Von vornherein bot sich die Bundesrepublik mit mehreren namhaften Produzenten an, aber auch Frankreich mit einer traditionsreichen Automobilindustrie stand durchaus im Fokus der Recherchen. Zumal der französische Autokonzern *Citroen* sich bereits einen guten Ruf beim Bau des Gelenkwellenwerkes in Zwickau erworben hatte. Dabei hatte das Unternehmen nicht nur die Technologie für die Gleichlaufwellen nach GKN (Guest, Keen and Nettlefolds)-Lizenz geliefert, sondern das Werk komplett errichtet und für die Refinanzierung entsprechende Mengen an Gelenkwellen aus der DDR gekauft. Handelspolitisch war Frankreich ohnehin ein bevorzugter Partner, zu dem die Geschäftsbeziehungen ausgeweitet werden sollten.

Doch auch der westdeutsche *Volkswagen*-Konzern (VW) bemühte sich seit langem um die Ausweitung der Handelsbeziehungen mit der DDR-Industrie. Selbstredend wollte dieser Autos verkaufen, wie schon ein Geschäft in den Siebzigerjahren dokumentiert. Damals kaufte die DDR zehntausend Autos der Marke »Golf« und die VW AG bezog im Gegenzug Werkzeugmaschinen, Karosseriepressen und diverse Zubehörteile für ihre PKW von uns.

Das waren Transaktionen, die im vollen gegenseitigen Vertrauen und Verlass auf die technische Kompetenz der beteiligten Partner verliefen und bei denen die gegenseitigen Interessen gewahrt blieben. VW hatte somit Grundlagen für eine erweiterte Zusammenarbeit gelegt. So empfahl sich der Konzern für die Gestaltung der zu erneuernden PKW-Produktion in der DDR durch seine vertrauenswürdige Herangehensweise.

Zur Art der Verfahrensweise von VW gibt es verschiedene Literatur- und Untersuchungsquellen. Teilweise mit abstrusen Schlussfolgerungen und Unterstellungen, die darauf hinauslaufen, dass die DDR in die »VW-Falle« gegangen sei, sich an VW verkauft habe.

Als Zeitzeuge möchte ich unmissverständlich klarlegen, dass die DDR diese Beziehungen *bewusst* eingegangen ist, immer auf den *gegenseitigen* Vorteil solcher Geschäfte abzielend.

Professor Carl Horst Hahn, damals Vorstandsvorsitzender der *Volkswagen* AG, beschreibt in seinen 2005 erschienen Memoiren *Meine Jahre mit Volkswagen* einen Vorgang Anfang der Achtzigerjahre, der den Auftakt der dann folgenden intensiven Geschäftsbeziehungen mit der VW AG bildete.

Auf der Grundlage von Politbürobeschlüssen und Resolutionen des Ministerrates der DDR hatte Dr. Gerhard Beil, Erster Stellvertreter des Ministers für Außenhandel und Staatssekretär, den Auftrag und die Vollmacht erhalten, Sondierungsgespräche mit westlichen Konzernen zu führen. So kam es zu dem von Carl Hahn in seinem Buch beschriebenen Gespräch am Tisch von Gerhard Beil, dem ich beiwohnte und aus dem das Geschäftsmodell »Kauf einer Lizenz zum Bau eines Viertaktmotors und Kauf einer entsprechenden Fertigungslinie« hervorging.

Nach diesem Gespräch und wiederum adäquaten Vereinbarungen der wirtschaftsleitenden Organe erhielten der Generaldirektor des PKW-Kombinates und der des *Volkseigenen Außenhandelsbetriebes Transportmaschinen* sowie ich – als für solche Geschäfte zuständiger Generaldirektor des AHB Industreanlagen-Import – den Auftrag und die Vollmachten, die notwendigen Verträge vorzubereiten. Immer dem Grundsatz folgend, *gegenseitig vorteilhafte* Handelsbeziehungen zu begründen.

Das Vorhaben

Der Kern des Vorhabens lag im Kauf und Aufbau einer Fertigungslinie für die Herstellung von Otto- und Dieselmotoren der Varianten 1,05 und 1,3 Liter. Eintausendfünfhundert Motoren sollten in zwei Schichten am Standort Karl-Marx-Stadt, im *VEB Barkas-Werke*, gefertigt werden.

Diese Motoren waren zunächst für den Einbau in die PKW *Trabant* und *Wartburg* vorgesehen. Für die Refinanzierung des Vorhabens war die Lieferung von dreihunderttausend Rumpfmotoren an die VW AG geplant. Die Rumpfmotoren waren nach VW-Standards und Qualitätsvorgaben des Automobilherstellers zu produzieren, da sie als VW-Motoren in die PKW-Produktion des Konzerns einflossen.

Es gab keine Einschränkungen oder etwa »Erleichterungen« für die DDR-Partner. Die exakte Erfüllung der eingegangenen Verpflichtungen stellte die Produzenten nicht nur vor hohe Anforderungen, sondern forderte ihnen auch manche Höchstleistung ab.

Die Verträge

Die Verträge zu diesem Projekt wurden am 12. November 1984 zwischen der VW AG und dem *Außenhandelsbetrieb Industrieanlagen-Import* als Auftraggeber und Käufer der Lizenz und der Anlage unterzeichnet.

Der *Außenhandelsbetrieb Transportmaschinen* schloss zeitgleich mit der VW AG einen Vertrag zum Export der Rumpfmotoren ab.

In der Presse der DDR gab es dazu am 13. November 1984

eine bescheidene Mitteilung, die lediglich wiedergab, dass es einen Vertragsabschluss zum PKW-Motor gab; der Rückkauf von Motoren durch VW blieb unerwähnt.

Zwischen den inländischen Partnern, dem PKW-Kombinat und dem AHB Industrieanlagen-Import sowie dem AHB Transportmaschinen, wurden die notwendigen Verträge ebenfalls abgeschlossen. Sie bildeten die Basis dafür, dass alle übernommenen Verpflichtungen aus dem Ausland – Umfang der Lieferungen und Leistungen, Termine und Qualitätsvereinbarungen – in gültiges Recht der DDR übertragen wurden. Das betraf insbesondere auch die finanziellen Beziehungen, denn am Ende musste sich diese Investition in der Volkswirtschaft der DDR amortisieren.

Der Vertrag mit VW sah den Kauf einer gebrauchten Anlage vor, mit der zuvor am Standort Hannover produziert worden war, die jedoch im Zuge von Umstrukturierungen nicht mehr benötigt wurde. Es bot sich aber an, diese Anlage anderenorts zu nutzen, da VW bestimmte Mengen an Motoren zum Einbau in ihre produzierten PKW weiterhin brauchte. Damit war die Rücklieferung von Rumpfmotoren wirtschaftlich für beide Seiten interessant.

Im Vertrag war demnach die Demontage der Anlage, die Aufarbeitung aller Anlagenteile sowie die gezielte Ergänzung mit neuen Maschinen verankert. Diese Vorgehensweise war detailgenau spezifiziert.

Im Verlaufe der Realisierung hingegen stellte sich heraus, dass manche der gedachten Lösungen nicht umsetzbar waren und Ergänzungen, Änderungen gefunden werden mussten. Dabei legten alle beteiligten Parteien großen Wert darauf, *unbedingt* ihre Interessen zu wahren. Trotzdem überwog der Wille, die vereinbarten Aufgaben gemeinsam zu bewältigen.

So ist in dem Protokoll einer Beratung mit VW vom 22. September 1983 zu lesen:

»Die Reaktionen im Rahmen der Beratungen zeigten aber

auch ihr [VW] Bemühen, alle Hemmnisse auszuräumen und nach Lösungen zu suchen, die zu einer andauernden Geschäftsverbindung DDR-VW führen.«

Die Produktionsorganisation

Mit der Produktion der Teile für den Rumpfmotor begannen die eigentlichen Probleme. Denn hier waren ganze Bereiche der DDR-Industrie gefordert.

Bis zu einem gewissen Fertigungspunkt hatte das PKW-Kombinat noch einen direkten Zugriff auf die Produktionsorganisation. Doch zahlreiche Einzelteile mussten in Kooperation mit anderen Industriezweigen hergestellt werden, was sich mitunter als äußerst schwierig erwies. Nachfolgeinvestitionen – meistens in Valuta – entstanden unausweichlich.

Der Hauptvertrag mit VW hatte anfangs ein Volumen von 329 Millionen D-Mark. Mit jedem Nachtrag erhöhte sich diese Summe und erreichte bis zum Jahr 1989 eine Höhe von über vierhundert Millionen D-Mark. Der Gesamtumfang mit allen Teilefertigungen hatte dann bereits die Grenze von zwei Milliarden Valutamark überschritten.

In einem Bericht des Ministeriums für Außenhandel vom 17. November 1986 an den Parteistab im Zentralkomitee der SED heißt es unter anderem: »Mit der Beschlussfassung des Politbüros und des Ministerrates im Juli 1986 hat sich das Volumen der vorzubereitenden Importe und die damit verbundene Koordinierungstätigkeit bedeutend erhöht. Mit dem PKW-Motorenbeschluss waren für 8 Bereiche 33 Importvorhaben, bis auf eine Ausnahme im Außenhandelsbetrieb Industrieanlagen-Importanlagen, vertraglich zu binden und zu realisieren.

Nach dem neuen Beschluss sind Importanlagen vorzubereiten für:

74 Standorte	-	66 Verträge
72 Einzelpositionen wie Messmittel, Werkzeuge, Sondermaschinen	-	60 Verträge

3 Vorhaben mit Sonderfinanzierung   -   5 Verträge
4 Vorhaben außerhalb des Beschlusses -   4 Verträge
und zu realisieren.«

Damit befasst waren zu dem Zeitpunkt dreizehn Industrieministerien.

Der unter VW-Logo zu produzierende Rumpfmotor hatte tiefe Spuren von völlig neuen Qualitätsanforderungen in die verschiedenen Bereiche der DDR-Industrie gelegt. Es zeigte sich, dass die Anforderungen an die Technologie und an Materialien oftmals nicht nur die nächste Kooperationsstufe betrafen, sondern neue Technik bis in die Produktionsvorstufen gekauft werden musste. So reichte beispielsweise nicht nur eine neue Technologie für Sintermetallteile, sondern auch das Sintermetall selbst musste nach einem höheren Standard produziert werden.

Die Arbeitsteilung in der westlichen Automobilproduktion war bereits tief gestaffelt, sodass es für fast jedes Teil eigenständige Produzenten gab, von denen VW die Produktionselemente bezog. So setzte sich der Konzern, insbesondere der Vorstand, dafür ein, dass Verträge zur Einrichtung der DDR-Fertigung – wie Kauf von Technologien und Ausrüstungen – zustande kommen konnten.

Ein Beispiel ist mir dabei in besonderer Erinnerung: der Tassenstößel, ein Ventilausgleichselement im Motor, in der Konstruktion nicht besonders kompliziert. Es handelte sich um eine tiefgezogene Tasse, an die ein Röhrchen (Schaft) angeschweißt werden musste, ohne hohen Wärmeeintrag zu verursachen. Diese Anforderung konnte nur mit einer Laserschweißanlage realisiert werden. Solche Maschinen waren höchst sensible Produkte, nicht nur weil der Produzent darauf eine gesicherte Stellung im Markt hatte, sondern auch wegen der damals allgegenwärtig wirkenden Exportbeschränkungen, durch die dem *Coordinating Committee for East West Trade Policy (CoCom)* angehörenden westlichen Länder. Dem AHB Industrieanlagen-Import gelang es trotzdem, solch eine Einrichtung zu kaufen. Mithilfe von VW konnte der Erwerb erwirkt werden. Der Konzernvorstand argumentierte: »Wenn wir den Motor insgesamt und die Produktion aller Einzelteile bewerkstelligen wollen, ist es unabdingbar, dass die DDR diese Technologie bekommt.«

Die Produktion wurde in einem Maschinenbaubetrieb in Luckenwalde aufgenommen. Übrigens: Das erforderliche Kaltband als Ausgangsmaterial für die Herstellung dieser Tassenstößel konnte aus einem damals bereits importierten Kaltwalzwerk in Oranienburg zugeführt werden – selbstredend: in erforderlicher Qualität. Dieses Werk hatte der *Krupp*-Konzern an die DDR geliefert.

Das Spektrum der Lieferfirmen für die vielen Einzelteile war vielfältig. Die Lieferanten kamen vorrangig aus der BRD, da dort die meisten Zulieferer von VW ansässig waren. Aber auch aus anderen westlichen Industrieländern, wie Japan und den USA, bezogen wir die für die Produktion des Motors nötigen Elemente.

Da es sich zunächst nur um den Rumpfmotor handelte, erwies sich VW wiederholt als besonders hilfreich, wenn es darum ging, Firmen zur Vergabe von Know-how und Ausrüstungen zu animieren, damit die Ansprüche an das Endprodukt, den Motor, gesichert werden konnten.

Letztlich aber ging es um mehr!

Eine neue Etappe

Mit der Aufnahme der Produktion dieses Motors sollte eine neue Etappe im Automobilbau der DDR beginnen. Das eigentliche Ziel war der Bau eines neuen Pkw, der nicht nur bezüglich der Motorisierung modernen Anforderungen entsprach, sondern der in seinem Erscheinungsbild und in der technischen Ausstattung den wesentlichen Bedingungen eines modernen Autos angepasst sein sollte.

Diese Zielstellung wurde zunächst verworfen. Stattdessen sollten der *Trabant* und der *Wartburg* motortechnisch aufgerüstet werden.

Zu einem modernen Motor gehörten aber auch ein neuer Vergaser, eine Dieseleinspritzpumpe, Glühstiftkerzen, Zündspule, Taschenfilter, Gemischvorwärmer ...

Die Liste notwendiger Importe moderner Technologien und Ausrüstungen wurde immer länger. Waren es 1984 noch 123 Objekte unterschiedlichsten Umfangs, die in einer Reihe von Industrie- und Außenhandelsbetrieben bearbeitet wurden, so lag die Anzahl 1987 bereits bei 311 und 1989 schließlich bei 499.

Beteiligt daran waren die Ministerien für Allgemeinen Land- und Fahrzeugbau (ALF), für Schwermaschinen- und Anlagenbau (SAB), für Werkzeug- und Verarbeitungsmaschinen (WV), für Elektrotechnik und Elektronik (EE), für Chemische Industrie (CI), für Erzbergbau, Metallurgie und Kali (EMK), für Glas und Keramik (GK) und für Bezirksgeleitete Lebensmittelindustrie (BLI).

In einem Aktenvermerk des Sektors Außenhandel im ZK vom 31. Oktober 1985 zu einer am Vortag stattgefundenen Beratung des Parteistabes »Antriebsaggregat« wird festgestellt:

»Als Hauptproblem stellt sich die wesentliche Überschreitung der Valuta- und Investitionsaufwendungen dar. Die ursprünglichen Valuta-Limite werden mit rund 312 Mio VM (insbesondere in den Bereichen ALF, EMK, EE,WV) überzogen. Die Überschreitung der Gesamtinvestitionen beträgt 1,7 Mrd M, davon Barkas 360 Mio M und Dieseleinspritzpumpe 627 Mio M.«

Zudem heißt es:

»Die Übersicht der SPK [*Staatliche Plankommission*] ergibt, dass Investitionsüberschreitungen in Höhe von 2,1 Mrd M., entspricht 60 % des ursprünglichen Wertes, entstehen, was volkswirtschaftlich nicht vertretbar ist. Das sind rund 14 % der für 1986 geplanten Investitionen in der Industrie. Auf der Grundlage einer exakten Analyse und Standpunktbildung sollte dieses Problem im Politbüro zur Entscheidung gestellt werden.«

Aus diesen Darlegungen ist erkennbar, dass die Anforderungen an die DDR-Industrie, die sich aus dem neuen Motor und den anderen Teilen für einen modernen PKW ergaben, das Maß des Alltäglichen deutlich überschritten. Nicht von der Hand zu weisen ist, dass dies eine Folge der »Vernachlässigung« dieses Teils des Maschinenbaus über viele Jahre war, um nicht zu sagen von Jahrzehnten.

Nun musste energisch und mit großem Aufwand ein technologischer Rückstand aufgeholt werden, der entsprechende Investitionen erforderte.

Es muss aber auch unmissverständlich festgestellt werden, dass mit diesen Anforderungen und Investitionen ein außerordentlicher Schub an Technologie in der Volkswirtschaft der DDR vor sich ging, der sicher eine größere Entfaltung an Produktivität mit sich gebracht hätte.

Diese Situation führte in den Jahren 1986/87 zu der Konsequenz, dass die Dieselmotorenvariante zunächst eingestellt wurde und eine Konzentration auf den Benzinmotor mit dem notwendigen Zubehör erfolgte.

Die wichtigste Arbeitsrichtung war mit der Sicherung der Produktionsaufnahme des Motors gegeben, denn hiervon hing auch die VW AG ab, die den Motor für ihre eigene Montage benötigte.

Immerhin gelang es 1989, die Montagelinie im Barkas-Werk in Betrieb zu nehmen, von VW zu übernehmen und an das

PKW-Kombinat zu übergeben. Mit den ersten Rücklieferungen von Rumpfmotoren wurde begonnen.

Allerdings war auch dieser Weg steinig und schwer, weil es zu Terminverschiebungen gekommen war und damit Mehrkosten für VW entstanden. Diese Mehrforderungen summierten sich auf etwa 35 Millionen D-Mark. Sie wurden in der Folge einvernehmlich auf der Ebene der Generaldirektoren und des Vorstands der VW AG ausgehandelt.

Nachdem dann sogar die ersten Musterfahrzeuge des *Trabants* und des *Wartburgs* vorgeführt wurden, zeigte sich eine gewisse Entspannung der Lage.

Der geniale Schluss wäre der Bau eines einheitlichen PKW der DDR gewesen. Kein *Trabant* und kein *Wartburg*, sondern ein PKW mit einer Ganzstahlkarosse, der für einen längeren Zeitraum die wachsenden Bedürfnisse der Bevölkerung nach einem Kraftfahrzeug abgedeckt hätte.

Diese Arbeitsthese verursachte jedoch in den beiden betroffenen Werken, Zwickau und Eisenach, heftige Diskussionen. Keiner der beiden Standorte wollte auf sein »angestammtes« Produkt ohne Weiteres verzichten. Hierin manifestierte sich auch eine Menge Stolz auf all die Jahre Arbeit.

Dessen ungeachtet wäre es unumkehrbar gewesen, die Produktion zu vereinheitlichen, um entsprechende Stückzahlen an PKW zu erzielen.

Die VW AG ermöglichte es den Generaldirektoren des PKW-Kombinates, des AHB Industrieanlagen-Import sowie des AHB Transinter im Frühjahr 1989 Entwicklungen von PKW zu besichtigen, die der VW-Konzern der DDR auf Basis von Verträgen hätte überlassen wollen.

Noch im Mai 1989 wurde die Musterentwicklung in Berlin vorgeführt, doch sie kam dann nicht mehr zur Ausführung. Mit dem Ende der DDR löste sich der Plan für den neuen PKW ins Nichts auf.

Dass die Zusammenarbeit zwischen von den Systemen her

so unterschiedlich positionierten Unternehmen, VW AG einerseits und DDR-Betriebe andererseits, auf der Basis des Ausgleichs der jeweiligen Interessenslagen funktionierte und zum gegenseitigen Vorteil gelangte, bleibt für mich unvergessen.

Manfred Dahms

Geboren wurde ich 1936 in Bernöwe, einem Dorf mit rund einhundert Einwohnern bei Oranienburg, im heutigen Landkreis Oberhavel. Die Oberschule besuchte ich in Oranienburg, musste aber mit der 11. Klasse nach Potsdam wechseln, wo ich schließlich mein Abitur absolvieren durfte. Der Schulwechsel war kein freiwilliger, denn ich wurde als »unbequemer Schüler« in Oranienburg von allen Oberschulen der DDR relegiert, dann aber durch Einsprüche aller Art in Potsdam bei Unterbringung im Internat zugelassen. Gelernt habe ich in diesem »Prozess der Umschulung«, dass Wohlerzogenheit sowie Angepasstheit und nicht die eigene Meinung gefragt sind. So nahm ich dann auch widerstandslos die Umlenkung von einem Flugzeugbau-Studium in Dresden nach Rostock zum Studium für Schiffbau hin, ohne über eigene Alternativen nachzudenken – nur Schiffbau hat mich in meinem Leben nie wirklich interessiert.

1959 schloss ich meine Hochschulausbildung im Fachbereich für Schiffbau als Diplom-Ingenieur ab und absolvierte späterhin noch ein Zusatzstudium für Ökonomie in Dresden. Meine berufliche Laufbahn begann im ungeliebten Schiffbau auf der Schiffswerft Berlin, dann ergriff ich mit Zustimmung meiner Werftleitung

die Chance, als Sonderbeauftragter in der Abteilung »Schwer-
maschinen- und Anlagenbau« der Staatlichen Plankommission
(SPK) in einem anderen Wirkungskreis tätig zu werden. Im Zuge
der 1961 vollführten Umstrukturierung des Staatsorgans wurde
mein Arbeitsbereich dem neu gebildeten Volkswirtschaftsrat
(VWR) angegliedert. Ich war in der Abteilung »Energie- und
Kraftmaschinen für Rohrleitungen und Isolierungen« in volkswirtschaftlich wichtigen Investitionsvorhaben tätig. Mein weiterer Berufsweg führte mich deshalb nach Leuna, in die dortigen Chemischen Werke mit dem Neubau von Leuna II, und nach
Rheinsberg ins erste Kernkraftwerk auf deutschem Boden, wo
ich Kontakt zu profilierten Experten und Wissenschaftlern fand,
die mich prägten und bis zum Ende der DDR auch mit mir in
Verbindung blieben. Mir fehlte aber die Praxis in einem Betrieb,
was ich selbst als mangelndes Basiswissen empfand. Nach kurzer
Beschäftigung in der Vereinigung Volkseigener Betriebe (VVB)
Energiemaschinenbau – nach der Auflösung des VWR 1965 –
wurde ich 1967 als Betriebsdirektor des VEB Strömungsmaschinen Pirna berufen, der aus dem ehemaligen Betrieb der
Luftfahrtindustrie, VEB Gasturbinenbau und Energiemaschinenentwicklung, hervorging. Dieser berufliche Abschnitt war
für mich prägend und erfolgreich. Durch die Rationalisierung der
Produktionsprozesse, die Vergrößerung der Erzeugnispalette sowie die Steigerung der Stückzahlen nahmen die Zuwachsraten
und die Produktivität des Betriebes zu. 1975 erfolgte meine Berufung zum Generaldirektor der VVB Kraftwerksanlagenbau.
In dieser Position begleitete ich die Auflösung der VVB und die
Bildung des VEB Kombinat Kraftwerksanlagenbau (KAB) mit
Hauptsitz in Berlin. In diesem blieb ich bis 1989 als Generaldirektor tätig und hatte zuletzt die Verantwortung für mehr als
vierzigtausend Mitarbeiter zu tragen.

Energiewirtschaft unter dem Vorzeichen der Abhängigkeit

Im Fazit würde ich mein Leben in der DDR so charakterisieren: Begonnen im Protest zu allem, was »DDR« hieß – nicht Mitglied der *Freien Deutschen Jugend (FDJ)* geworden, keine Teilnahme an der Jugendweihe und Protest auf fast allen politischen Gebieten –, hat mich die Relegation von allen Oberschulen der Republik zu einem angepassten DDR-Bürger umerzogen, der bis zum Ende der DDR seine Fähigkeiten und seinen Ehrgeiz für die eigene Karriere und letztlich damit ausschließlich im Interesse der DDR einsetzte – und das nicht ohne Erfolg.

Meine beruflichen Erfahrungen als Betriebs- und Generaldirektor im energiewirtschaftlichen Sektor haben mich zu der These geführt: Eine Selbstständigkeit der DDR bezüglich des Ausbaus von Schlüsselpositionen in der Energiewirtschaft war zur Zeit meines beruflichen Werdegangs in den 1970er Jahren nicht mehr gegeben, zuvor hingegen, bis Anfang der Sechzigerjahre, durchaus. Im Großen und Ganzen ließ die Einflussnahme der Sowjetunion keine Eigenverantwortung mehr zu. Zum einen bestand eine totale Importabhängigkeit von Öl und Gas als Hauptenergieträger. Zum anderen waren wir verpflichtet, Ausrüstungen für Großkraftwerke im konventionellen Bereich der Braunkohle sowie für Kernkraftwerke ausschließlich von der Sowjetunion (SU) zu beziehen. Somit bestimmte der »große Bruder« die Energiepolitik der DDR.

Weil unsere Energiewirtschaft, wie im Übrigen die DDR insgesamt, so entscheidend von der SU gelenkt wurde, war es uns auch im Energiemaschinen- und Kraftwerksanlagenbau nicht möglich, unabhängig zu produzieren und zu wirtschaften. Primär konnten wir nicht *agieren*, sondern mussten fleißig und listenreich *reagieren*.

Was mich zu dieser Sichtweise veranlasst, lässt sich anhand von drei Abschnitten meines Berufsleben veranschaulichen, in denen ich verwalten sowie abwickeln musste und nur geringen Spielraum für eigene Gestaltung hatte.

Neugestaltung eines ehemaligen Betriebes des Flugzeugbaus

Ab 1967 als Betriebsdirektor des *VEB Strömungsmaschinen Pirna*, der kurz zuvor für die Dieseltraktion der DDR aus mehreren Betrieben gegründet worden war, stand ich vor einer speziellen Herausforderung: Ich war gerade Anfang dreißig und konfrontiert mit etwa 170 ehemaligen SU-Spezialisten, im Volksmund »Stalins deutsche Elite« genannt. Alles selbstbewusste, erfolgreiche Ingenieure und Professoren des Flugzeugbaus – mit den ersten strahlgetriebenen Flugzeugen im Zweiten Weltkrieg und dem dann in der DDR gebauten Passagierflugzeug *152* als Referenzen. Sie waren also älter und erfahrener als ich. Von ihnen konnte ich viel lernen. Zugleich musste ich sie aber für neue Aufgaben motivieren, denn Triebwerke für Flugzeuge durften wir nicht mehr bauen. Sehr schnell begriff ich, dass die Herausforderungen in der Arbeit für diese Koryphäen darin bestand, alles zu entscheiden; eigentlich völlig unabhängig von der politischen Bedeutung oder Bewertung.

Diese Experten gehörten zum großen Teil zu den deutschen Ingenieuren und Technikern der Rüstungsindustrie des Zweiten Weltkrieges, ohne Nazis zu sein. Im Oktober 1946 wurden sie auf Befehl Stalins zwangsrekrutiert und durch bewaffnete Spezialkommandos in einer Nacht- und Nebelaktion in die Sowjetunion gebracht. Dort arbeiteten sie mehrere Jahre lang vor allem an der sowjetischen Flugzeug- und Raketenentwicklung, bis sie Anfang der Fünfzigerjahre in die DDR zurückkehrten. Hier befand sich die Luftfahrtindustrie im Wiederaufbau. Es wurde der *VEB Entwicklungsbau Pirna* gegründet, der Flugzeugtriebwerke fertigen sollte. In seinen Produktionsstätten entstanden unter anderem das Triebwerk *Pirna 014* sowie Pläne für das erste deutsche strahlgetriebene Passagierflugzeug *Typ 152*. Gebaut wurde die *152* im VEB *Flugzeugwerke Dresden*. Bei einem Testflug 1959 stürzte der erste Prototyp des Flugzeugs ab, über die Ursachen wird bis heute viel spekuliert. Es wurden noch ein zweiter und dritter Versuchsträger hergestellt. Doch da sich die Sowjetunion inzwischen ebenfalls auf den zivilen Flugzeugbau spezialisierte, war in der DDR keine rentable Fertigung der Maschine mehr möglich. 1961 beendeten die Verantwortlichen deshalb das Entwicklungsprogramm der *152*, die ehemaligen Spezialisten verloren die sie motivierende, ihr bisheriges Leben bestimmende Arbeit. Das Werk in Pirna nahm als *VEB Gasturbinenbau und Energiemaschinenentwicklung* die Produktion von Strömungs- und Kraftanlagen auf.

Dieser Beschluss ging nicht spurlos an den Gemütern vorbei. Erneut mussten die Betroffenen die Realitäten unter Bedingungen der geschlossenen Grenze – seit dem 13. August 1961 – akzeptieren, sich neu orientieren, was sie nicht unbedingt als »freiwillig« empfanden, aber die Jüngeren von ihnen annahmen.

Letztlich gelang es, die Belegschaft zu motivieren. Sie übernahmen die ihnen gestellten Aufgaben bereitwillig, obwohl sie ihrem alten Betätigungsfeld nachtrauerten. Besonders die Gruppe der technischen Intelligenz des Betriebes von jungen und alten, erfahrenen Ingenieuren, Technikern und Sachverständigen wuchs mit den Erfolgen aber auch Misserfolgen zusammen, und wurde ein Team, damals »Kollektiv« genannt, das stolz auf das Neugeschaffene und Erreichte war. Diese Erfahrung als junger Betriebsdirektor hat mich im Umgang mit Menschen geprägt: Von ihnen zu lernen, was nachhaltig ist, zuzuhören sowie auf sie einzugehen und aus dem Detail der Arbeitsanforderungen auf das Ganze strategische Rückschlüsse zu ziehen beispielsweise hinsichtlich der Frage, wer der geeignete Manager für die Leitung von diesem oder jenem Teilgebiet ist. So konnten wir nach und nach aus dem eigenen Betrieb alle Leitungsfunktionen mit Mitarbeitern neu besetzen, die ausschließlich mit mir etwa gleichaltrig waren, und das war letztlich der Schlüssel des Erfolgs.

Unser Betrieb spezialisierte sich auf die Fertigung von Strömungsgetrieben für Diesellokomotiven, Gasturbinen als Antrieb für Notstromaggregate, Turbinenanlassgeräte für die Landesverteidigung und vieles mehr. Letztlich fungierte er als Fachbetrieb des Spezialmaschinenbaus der DDR. Das wäre ohne das Können und die Erfahrung der ehemaligen SU-Fachkräfte nicht möglich gewesen. Zugleich war es eine Herausforderung für die junge, ehrgeizige DDR-Elite der technischen Intelligenz, die diese auch bestand. Nach der Wende haben viele Spezialisten des Betriebes beim westlichen Monopolisten des Strömungsgetriebebaus bis über das Rentenalter hinaus erfolgreich gearbeitet.

Neu gesetzte Grenzen für den Turbinenbau

Als Generaldirektor des *VEB Kombinat Kraftwerksanlagenbau* war ich abermals mit den Folgen eines Beschlusses konfrontiert – diesmal einer der unmittelbar von der Sowjetunion administriert wurde: »Schluss! Aus! Ihr baut keine Großturbinen mehr, sondern wir liefern euch die Maschinen!«, lautete die Direktive.

Die DDR war durchaus in der Lage, Turbinen selbst zu bauen, was sie in den Kraftwerken Lübbenau und Vetschau in den Sechzigerjahren mit Leistungseinheiten bis 100 Megawatt (MW) bewiesen hatte. Für eine höhere energiewirtschaftliche Effizienz war der Übergang zu größeren Leistungseinheiten zwingend notwendig. Mit den Ressourcen der DDR, besonders der metallurgischen Basis, schlugen die Spezialisten die Eigenproduktion von 210-MW-Turbinen vor – zugeschnitten auf die spezifischen Anforderungen der heimischen Rohbraunkohle. Selbst der damalige Minister für Schwermaschinen- und Anlagenbau, Gerhard Zimmermann, unterstützte mutig diesen Vorschlag, was ihn später nach meiner Auffassung seinen Job kostete. Durch direkte Intervention des Botschafters der SU, Pjotr Andrejewitsch Abrassimow, wurde vom Politbüro die Eigenproduktion von Großturbinen abgelehnt und der Vollimport ab dem Übergang zu 210 MW festgelegt. Dieser dirigistische Einfluss hatte Auswirkungen auf Forschung sowie Entwicklung und führte zur Konkurrenzunfähigkeit des Großturbinenbaus der DDR – und letztlich auch mit zum Untergang des traditionsreichen Berliner Betriebes *Bergmann-Borsig* nach der Wende.

Von da an waren wir nur ein Absatzmarkt für die in der SU produzierten Turbinen. Wir mussten sie verwerten – unabhängig davon, ob sie der erforderlichen Qualität für unsere spezifischen Belange durch die Charakteristika unserer Rohbraunkohle entsprachen. Auch die Dampfkessel musste die DDR für die 210-MW-Blöcke aus der SU importieren, die aber für unsere Rohbraunkohle ungeeignet waren und die die tägliche Stromversorgung im Winter gefährdeten. Daraus leitete sich dann die Eigenentwicklung geeigneter Großdampferzeuger ab, die als DUO-Block einer 500-MW-Turbine aus der SU zugeschaltet wurden.

Der Dampferzeugerbau – ebenfalls zum *VEB Kombinat Kraftwerksanlagenbau* gehörend – war vor das Problem gestellt, neue Anlagen zu entwickeln und zu fertigen. Diese mussten mit den leistungsstärkeren Turbinen kompatibel sein und weiterhin den spezifischen Anforderungen der im Raum Cottbus abgebauten Braunkohle entsprechen. Nach längerem Abwägen und der Aufstellung einer Optimierungsrechnung – immer unter Berücksichtigung der technologischen Möglichkeiten in den DDR-Dampferzeugerbetrieben – wurde entschieden, dass jede 500-MW-Turbine mit jeweils zwei Dampferzeugern ausgestattet wird. Diese Dampferzeuger hatten eine Leistungskraft von 815 Tonnen pro Stunde und einen hohen Qualitätsstandard, stellten aber als Duoblock keine energiewirtschaftlich optimale Lösung dar. Im Übrigen laufen noch heute – auf den neuesten Umweltstandard nachgerüstet – die ehemaligen DDR-Dampferzeuger mit 815 Tonnen pro Stunde, auf die die ehemaligen Kesselbauer der DDR zu Recht stolz sind. Die aus der SU importierten 210-MW-Blöcke sind dagegen komplett demontiert worden.

Import von Kernkraftwerken aus der SU

Im Kernkraftwerksbau waren wir gänzlich abhängig von den Zulieferungen aus der Sowjetunion. Mitte der Siebzigerjahre wurde beschlossen, das bei Greifswald gelegene *Kernkraftwerk Lubmin* zu erweitern. Vier Reaktorblöcke existierten bereits; vier weitere sollten entstehen. Unmittelbar beim Bau von »Block V« waren wir mit den Schwierigkeiten konfrontiert, die sich aus den Anforderungen der neuen Sicherheitskonzeption ergaben.

Die Ausrüstungen für unsere Kernkraftwerke wurden nach dem jeweiligen aktuellen Qualitätsstandard der russischen Projektanten, Konstrukteure und Hersteller geliefert. Ihre Hauptschwächen waren die nachlässige Sicherheitsphilosophie, die Leit- und Elektrotechnik sowie die Betriebsmess-, Steuerungs- und Regelungstechnik (BMSR). So ist beispielsweise in Lubmin an den Blöcken 1 bis 4 noch heute ein Teil des veralteten Systems ohne Containment (Sicherheitsschutz) zu sehen. Im Störfall wäre die nuklear verseuchte Abluft direkt in die Umwelt gelangt. Die sogenannte Nasskondensation sollte bei den Blöcken 5 bis 8 das fehlende Containment ersetzen, was Finnland mit der »Finnlandisierung« sowjetischer

Kernkraftwerke, einer Umschreibung für die Nachrüstung auf westliche Sicherheitsstandards, nicht nur mit einem Cotainment umsetzte.

Die neue Generation von Kernkraftwerken mit Druckwasserreaktoren sowjetischer Bauart sollte höheren Standards entsprechen, die weder die sowjetischen Lieferanten noch im Eigenleistungsanteil die DDR-Betriebe beherrschten. Wir waren bestrebt, bei »Block V« eine fortschrittlichere Technologie einzuführen. Es war jedoch eine verzwickte Situation: Sowohl die Sowjets als auch wir waren mit den Neuentwicklungen überfordert. Zum einen verzögerten sich die Lieferungen und wiesen zum Teil erhebliche Qualitätsmängel auf. Zum anderen entsprachen die von uns gefertigten Segmente nicht den Qualitätsanforderungen. Der Bau von »Block V« war mit immensen Nacharbeiten verbunden. Für diese sowie für die nukleare Sicherheit war das Kombinat Kraftwerksanlangenbau verantwortlich. Auf uns lastete ein enormer Druck. Als zuständiger Generaldirektor machte ich gegenüber der zuständigen Fachabteilung und dem Minister für Schwermaschinen- und Anlagenbau deutlich, dass wir unter diesen Bedingungen nicht prognostizieren könnten, wann wir fertig werden würden. Wir könnten sonst die Sicherheit nicht garantieren. Prompt erhielt ich einen Brief vom Minister: »Du sollst die Parteibeschlüsse nicht zur Diskussion stellen. Du sollst sie umsetzen!«, und wurde zur »Weiterbildung« delegiert. Die Leitung des »Prozesses Kernkraftwerke« wurde einem stellvertretenden Minister übertragen. Durch zentrale Entscheidungen im Parteiapparat sowie Ministerrat wurde das *Kombinat Kraftwerksanlagenbau* aber 1987 dem Minister für Energiewirtschaft mit der These »Einheit von Betreiber und Anlagenbauer« unterstellt und ich blieb Generaldirektor.

Ehe die Verantwortlichen, letztlich der Generaldirektor des *Kernkraftwerks Lubmin* und ich, die Freigabe zum Probebetrieb von »Block V« erteilen konnten, waren vierzigtausend technische Änderungen notwendig. Alle Termine standen unter Vorbehalt und waren in der Regel mit Verschiebungen verbunden. Die Baustellenleitung glich einem permanent komplizierten Krisenmanagement, da die Änderungen einerseits mit den sowjetischen Projektanten abgestimmt und andererseits mit den Nachauftragnehmern terminlich koordiniert werden mussten. Dies kostete nicht nur Zeit, sondern auch Nerven. Erst 1989 konnten wir in »Block V« den Probebetrieb aufnehmen.

Jeder von uns wusste, dass Kernkraftwerke eine »Eigenart« haben: Wenn sie durchgehen, wenn es zu einem GAU kommt, dann lässt sich die atomare Strahlung nicht eindämmen – sie geht über alle Grenzen hinweg. Uns war dies schon vor Tschernobyl und lange vor Fukushima klar. Der *Spiegel* schrieb in ausführlichen Artikeln, was wir doch für »leichtsinnige Burschen« waren mit all den Störfällen. Haarscharf seien wir am GAU vorbeigegangen. Tatsache ist: Wir hatten keinen GAU. Unsere Arbeiter, Techniker und Ingenieure waren hoch motiviert. Sie standen für die Sicherheit und füreinander ein – trotz aller Schwierigkeiten, die sich aus den wirtschaftlichen und politischen Verflechtungen mit dem Bruderstaat UdSSR ergaben.

Unser Lebenswerk ist seit der Wende nach und nach abgerissen worden. In Lubmin ist man noch heute dabei – das Kernkraftwerk wird zurückgebaut und entsorgt. An unsere Arbeit und unseren Einsatz dort wird bald nichts mehr erinnern. Das schmerzt einerseits, andererseits kann ich heute sagen: Ich bin froh, die Verantwortung nicht länger auf meinen Schultern tragen zu müssen. Wer jedoch behauptet: »Euer Schrott damals war untauglich!«, dem sollten wir selbstbewusst entgegenhalten: Wir hatten keinen GAU wie Fukushima oder Tschernobyl! Angesichts unserer Abhängigkeit von der SU und – nicht zu vergessen – des westlichen Technologie-Embargos, gilt es, diese Leistungen der Bürger der DDR anzuerkennen.

Sicher war ich mit der Wende froh, die Sorge um die nukleare Sicherheit der Kernkraftwerke nicht mehr schultern zu müssen, und wenn ich heute damalige Recherchen des *Spiegel* über die Gefährdungen von Lubmin mit dem neuesten Wissen über Fukushima lese, bin ich immer wieder für den Einsatz der Arbeiter und Ingenieuere der DDR dankbar, die subjektiv den objektiv vorprogrammierten Störfall in Lubmin verhinderten.

Im Fazit sehe ich: Die DDR selbst war ein Podukt übergeordneter Entscheidungen der vier Großmächte. Damit mussten die DDR-Bürger bis zur Einheit Deutschlands leben – und überwiegend lebten sie damit auch. So mussten auch die Betriebe mit ihren Belegschaften des Kombinats Kraftwerksanlagen übergeordnete Entscheidungen akzeptieren – und sie taten es mit Ehrgeiz und vollem Einsatz ihres Könnens.

Karl Döring

Geboren 1937 in Hohenstein-Ernstthal, legte ich mein Abitur an der Arbeiter-und-Bauern-Fakultät (ABF) *in Halle an der Saale ab. 1955 wurde ich zum Studium der Eisenhüttenkunde nach Moskau delegiert. Nach meinem Abschluss als Diplom-Ingenieur arbeitete ich als Schichttechnologe im* Stahl- und Walzwerk Brandenburg, *bis ich zurück an die Alma Mater nach Moskau ging, um dort in der Direktaspirantur zu promovieren. Anschließend hatte ich das Glück, dass ich mein Promotionsthema – »Physikalische und chemische Inhomogenitäten beim Stahl-Stranggießen« – bei meiner Arbeit im* VEB Rohrkombinat Stahl- und Walzwerk Riesa, *wo die erste industrielle Stranggussanlage der DDR gebaut wurde, praktisch umsetzen konnte. In Riesa habe ich den Weg bis zum Produktionsdirektor durchlaufen und wurde 1972 nach Hennigsdorf, in den Stammbetrieb des* VEB Qualitäts- und Edelstahlkombinat (QEK), *delegiert. Sechs Jahre arbeitete ich dort als Produktionsdirektor des Kombinats, zuletzt auch als stellvertretender Generaldirektor.*

1973 promovierte ich zum Doktor der Ökonomie an der Hochschule in Berlin-Karlshorst. Nach meinem Studium an der Parteihochschule »Karl Marx« (PHS) *beim Zentralkomitee der SED wurde ich 1979 in das* Ministerium für Erzbergbau, Metallurgie und Kali (MEMK) *berufen. Als Stellvertreter des Ministers Kurt Singhuber fielen dort die Bereiche Wissenschaft und Technik in meine Zuständigkeit.*

1985 wurde ich als Generaldirektor in den VEB Bandstahlkombinat »Hermann Matern« *nach Eisenhüttenstadt geschickt. Bis 1990 war ich dies, wie in allen Kombinaten der DDR üblich, in Personalunion als Chef des Stammbetriebs* Eisenhüttenkombinat Ost (EKO). *Danach kam mir und meinen Fachdirektoren die Aufgabe zu, das Kombinat in die Marktwirtschaft zu führen und es nach dem in der Volkskammer gefassten Gesetz in eine Aktiengesellschaft umzuwandeln. Ich bekleidete die Position des Vorstandsvorsitzenden bis 1994 und war damit der einzige Generaldirektor, der auch in der neuen Wirtschaftsära an der Spitze »seines« Kombinats gearbeitet hat. Danach bekleidete ich die Funktion eines Geschäftsführers für Technik. Erst im Jahr 2000 endete mein Anstellungsverhältnis beim EKO Stahl.*

Im gleichen Jahr etablierte ich mein Beratungsunternehmen Projekt Consulting, *das unter anderem für die* Boston Consulting Group *arbeitete und vorrangig Auftraggeber in der Ukraine und Russland hatte. Bis heute bin ich zudem im Aufsichtsrat des größten russischen Stahlkonzerns* Novolipetsk Steel (NLMK) *tätig.*

Der Handel mit der Sowjetunion – Nicht nur ein außenwirtschaftliches Thema

Blicke ich heute auf mein Leben in zwei unterschiedlichen Systemen und frage mich bei dem Versuch einer Bilanz, welche wesentlichen Erkenntnisse ich aus meinen Erfahrungen ziehe, dann lautet eine davon: Alternativen sind möglich!

Dass die derzeitige Regierung in unserem Land unaufhörlich behauptet, ihre Vorschläge und Entscheidungen wären alternativlos, regt mich auf. Schon die alten Römer wussten, dass viele Wege nach Rom führen. Ebenso war sich der brave Soldat Schwejk darüber im Klaren, dass viele Wege nach Budweis führen und jeder Wissenschaftler (vielleicht erinnert sich die Physikerin Frau Merkel wenigstens einmal daran?) weiß, dass alternative Herangehensweisen in der Regel zur Problemlösung führen. Auch verärgert mich, dass die »Opposition« von SPD und Grünen keine schlagkräftigen Gegenargumente liefert und damit die Regierenden wirklich einmal »an die Wand spielt«. Mein Credo lautet: Alternativen sind denkbar, machbar, gestaltbar – und sie sind unabdingbar notwendig.

»Überholen, ohne einzuholen!«

Beschäftigen wir uns rückblickend mit der DDR-Wirtschaft und fragen, was aus ihr zu lernen wäre, dürfen wir nicht außer Acht lassen: Das 20. Jahrhundert war politisch geprägt von der Auseinandersetzung der Systeme. Seit der Gründung der Sowjetunion als ersten sozialistischen Staat – ausgelöst durch die Revolution von 1917 – und der Herausbildung der sozialistischen Staatengemeinschaft – nach dem Zweiten Weltkrieg – gab es im sozialistischen Lager das fundamentale Bestreben, besser zu sein als der Kapitalismus. Das heißt, uns trieb die Frage um: Zu welchen Ergebnissen kommt der Kapitalismus und wie können wir ihn »übertrumpfen«? In der Regel verstanden wir darunter, das gleiche Volumen an Konsumgütern für unsere Bürger bereitzustellen wie im anderen System.

In der Sowjetunion lautete zu Chruschtschows Zeiten die berühmte Losung: »Dogonim i peregonim!«, was soviel bedeutet wie »das Niveau erreichen und überbieten«. Für die DDR prägte Walter Ulbricht den Ausspruch: »Überholen, ohne einzuholen!«

Beide Parolen zeigen, dass wir uns ständig am Kapitalismus gemessen haben, uns permanent dem Vergleich mit dem Güterangebot des anderen Systems aussetzten. Aber unser Ziel war doch eigentlich ein anderes. Wir wollten eine Gesellschaft sein, in der ein hoher sozialer Standard, an dem alle teilhaben sollten, zu einer lebenswerten Gemeinschaft führt.

Dies *und* gleichzeitig im individuellen Gütererwerb den Westen zu überbieten, war aus vielerlei Gründen nicht zu erreichen. Umso mehr, als wir in der Entwicklung der Arbeitsproduktivität hinterherhinkten. Wie viele Menschen aber vermissen heute die in der DDR realisierten Prioritäten der Kinderbetreuung, eines einheitlichen hocheffektiven Schulsystems, Hochschulen, an denen die Professoren noch Zeit für ihre Studenten hatten und nicht in erster Linie »Drittmittel« einwerben müssen, bezahlbare Kultur- sowie Sportangebote und vieles anderes mehr! Zu sehr wurde das in unserem Land zur Selbstverständlichkeit, ohne ausreichend zu kommunizieren, wie viel dafür die Wirtschaft erst einmal leisten muss.

Zudem dürfen wir nicht vergessen, dass es Aufwendungen gab, die ausschließlich in der Systemauseinandersetzung begründet lagen. Das »Kaputtrüsten« der UdSSR ist heute genauso wenig ein Geheimnis wie die hohen Investitionen in unseren Sicherheitsapparat.

»Großer Bruder« Sowjetunion

Denke ich über die Beziehungen zwischen der UdSSR und der DDR nach, so ist dies für mich vor allem von persönlichen Erfahrungen und Erlebnissen geprägt. Ich habe in der UdSSR studiert und promoviert, neun Jahre lang in Moskau gelebt. In dieser Zeit entwickelten sich intensive Beziehungen zu den Professoren und Dozenten der Hochschule, zu Mitarbeitern und Leitern unterschiedlicher Forschungsinstitute. Einer von ihnen, Herr Dr. Kan vom *Zentralen Forschungsinstitut der Schwarzmetallurgie* in Moskau – er hatte auch ein Gutachten zu meiner Doktorarbeit gefertigt –, war wieder an meiner Seite, als wir in Riesa die Stranggießanlage aufbauten. Und in meiner Eisenhüttenstädter Zeit vereinbarten wir gemeinsame Forschungsthemen zur Weiterentwicklung der Stranggießtechnologie. Natürlich entstand daraus eine persönliche Freundschaft. Auch während meiner Tätigkeit im Ministerium, wo ich als Regierungsbeauftragter für Investbeteiligung häufig mit Vertretern der UdSSR zusammenkam, entstanden nachhaltige Verbindungen.

Diese Bekanntschaften ebneten mir als Vorstandsvorsitzender in den frühen Neunzigerjahren die Hauptwege zur Erhaltung der *EKO Stahl* AG. Unmittelbar nach der Wende war nicht daran zu denken, mit den Produkten des Kombinats sofort auf dem Westmarkt in größerem Umfang Fuß fassen zu können. Unsere westdeutschen »Kollegen« schirmten ihren Markt gekonnt ab. Unser Heimatmarkt, die Industrie der ehemaligen DDR, ging aber im unglaublichen Tempo »den Bach runter«. Es blieb nur der Weg eines zunehmenden Verkaufs unserer Produkte an die UdSSR und ihre Nachfolgestaaten, in denen wir uns auskannten und ich gute Beziehungen hatte. Das klassische Barter-Modell – Ware gegen Ware – ermöglichte uns, diesen Weg zu gehen. Wir bezogen Rohstoffe und Halbfabrikate und lieferten unsere Fertigerzeugnisse. Nur unter Mithilfe meiner russischen Freunde und Bekannten gelang es, für die *EKO Stahl* dieses Übergangsmodell zu entwickeln. Noch heute empfinde ich eine tiefe Dankbarkeit dafür, dass ich in dieser schwierigen Zeit Unterstützung fand in den Verbindungen aus vergangenen Studien- und Arbeitsjahren.

Doch meine Erfahrungen in den Handelsbeziehungen zwischen dem »großen Bruder« und uns sind auch von negativen Erlebnissen gezeichnet. Die DDR bezog die Hauptmenge an Eisenerz für die Hochöfen in Eisenhüttenstadt aus der UdSSR. Die Sowjetunion hatte ausreichend Eisenerze, allerdings nicht in der besten Qualität. Darunter litten die sowjetischen Metallurgen genau wie wir. Aber die Lieferungen von Eisenerz waren in den Außenwirtschaftsbeziehungen zwischen unseren Ländern gesetzt. Eine Veränderung der Warenlisten gelang nicht. Und so landeten Zigtausend Tonnen dieses Erzes in der Staatsreserve. Wir, als das zuständige Bilanzorgan für dieses Produkt, hatten die finanziellen Aufwendungen zu tragen. Aber es waren tote Bestände! Mehrfach suchte ich deshalb das Gespräch mit dem Vorsitzenden der *Staatlichen Plankommission* (SPK), Gerhard Schürer. Seine für mich unbefriedigende Aussage lautete jedesmal: »Die Parteitagsbeschlüsse sind nun einmal so gefasst worden, demzufolge wird geliefert!«

Welche meiner Erfahrungen wiegen nun schwerer – die positiven oder die negativen? Lasse ich weitere Erinnerungen Revue passieren, kommt mir noch eine positive in den Sinn: Die DDR-Metallurgen und ihre Branchenkollegen in der UdSSR hatten eine besondere Beziehung entwickelt. Jedes Jahr fuhr ein Freundschaftszug ins »Bruderland«. Einmal kamen die sowjetischen Kollegen zu uns und einmal reisten wir zu ihnen. Die Elite unter den Arbeitern füllte zusammen mit ihren Ehepartnern den Zug. Die Reise- und Verpflegungskosten übernahm das Kombinat. In den Werken vor Ort bestritten die Gäste gemeinsam mit den Einheimischen Arbeitsschichten. Kulturelle Vergnügungen boten die Möglichkeit, einander näherzukommen. Ein intensiveres und besseres Beziehungsgeflecht zwischen einer großen Anzahl von Leuten, die sich zuvor nicht kannten, kann ich mir kaum vorstellen. Bei solchen Gelegenheiten stellte sicher keiner der Beteiligten den gesellschaftlichen Grundkonsens infrage, der darin bestand, dass die UdSSR unser »Freund und Bruder« sei.

Ein Problem der Außenwirtschaftsbeziehungen zwischen unseren Ländern machte sich jedoch auch bei uns Metallurgen bemerkbar. Der Handel wurde über staatliche Handelsvereinigungen abgewickelt, so dass wir in der Regel mit den Endkunden unserer Produkte gar nicht unmittelbar im Kontakt standen. Erst nach der Wende, als wir darauf angewiesen waren, mehr in den Osten zu liefern, fuhren wir persönlich zu unseren Endkunden, den großen russischen Automobilbauern und den Werken des Landmaschinenbaus. Schnell entstanden dabei neue verlässliche Beziehungen. Meine exzellenten Sprachkenntnisse waren mir dabei eine große Hilfe!

Von der Wiege bis zur Bahre –
Das Kombinat als soziale Einheit

Herbert Richter

Als Sohn eines Bergarbeiters 1933 in der Niederlausitz geboren, schloss ich 1950 eine Lehre als Chemielaborant ab. Im Anschluss daran wurde ich an die Arbeiter-und-Bauern-Fakultät (ABF) *in Potsdam delegiert. 1953 legte ich dort mein Abitur ab und begann ein Chemiestudium an der* Friedrich-Schiller-Universität *in Jena. Zwei Jahre später wechselte ich an die neu gegründete* Technische Hochschule für Chemie (THC) *in Merseburg und beendete das Studium 1959 als Diplom-Chemiker.*

Am 1. Mai desselben Jahres begann ich meine Arbeit in der Forschungsabteilung der neuen Braunkohlenkokerei in Lauchhammer. Ich empfand es als Glückssache, in der ersten Kokerei zu arbeiten, in der aus Braunkohle – unserem Heimatschatz – Koks hergestellt wurde. Bald stieg ich zum Abteilungsleiter auf. Neben der Tagesarbeit promovierte ich 1963 zum Doktor der Naturwissenschaften (Dr. rer. nat.) und wurde danach als Sektorenleiter Chemie/Geologie in die SED-Bezirksleitung Cottbus beordert. In dieser Position lernte ich nicht nur alle Chemiebetriebe des Bezirks kennen, sondern auch das Braunkohlenveredlungskombinat »Schwarze Pumpe«, *die Erdöl- und Erdgaserkundungsstätten und viele kleine private Handwerksbetriebe.*

Im Juli 1966 – ich war 33 Jahre alt – wurde ich zum Werkdirektor des VEB Kombinat Schwarze Pumpe (KSP) *berufen. Als das Braunkohlekombinat 1970 zum Gaskombinat erweitert wurde, übernahm ich die Funktion des Generaldirektors. So leitete ich über zwei Jahrzehnte die Entwicklung der Gaswirtschaft in der* DDR *– bis zu ihrer Auflösung. Darüber hinaus wählte mich die* Internationale Gas-Union (IGU) *1985 zum Vizepräsidenten und für die Wahlperiode 1988 bis 1991 zum Präsidenten. Von März bis Oktober 1990 war ich Miglied der letzten* Volkskammer *der* DDR.

1990 erfolgte meine Abberufung als Generaldirektor. Trotzdem blieb ich dem Werk in Schwarze Pumpe verbunden. Aktiv unterstütze ich den Traditionsverein »Glückauf Schwarze Pumpe«, dessen Gründung ich mit initiierte, und bin beratend für den jetzigen Industriepark am Standort des Kombinates tätig. Mit den Werksdirektoren des ehemaligen Gaskombinates pflege ich bis jetzt persönliche Kontakte in alljährlichen Zusammenkünften.

»Aber eins, aber eins, das bleibt bestehen – die Schwarze Pumpe wird nie untergehen!«

Im Bergbau kannten wir kein »Sie«. Wir duzten uns alle. Ich war als Generaldirektor nicht davon ausgenommen. Dahinter steckte nicht nur ein traditionelles Gebaren, sondern ein enges Vertrauensverhältnis. Gegenseitige Achtung und Verlässlichkeit bildeten in *Schwarze Pumpe* die Basis für ein gutes Betriebsklima. Eine Atmosphäre, in der technische und wirtschaftliche Leistungen vollbracht werden konnten. Ich bin überzeugt, dass dies nur mit einer betrieblich betonten Sozialpolitik möglich war. Vom Kumpel in der Grube bis zum leitenden Angestellten – jeder Mitarbeiter sollte spüren und wissen, dass das Kombinat für seine Belange eintritt, auch über die Arbeit hinaus. »Von der Wiege bis zur Bahre« war das Motto, dem wir uns verschrieben hatten. Das heißt, wir fühlten uns nicht nur für die Erfüllung der Produktionspläne, sondern auch für soziale Leistungen, kulturelle Angebote sowie die Beförderung des Gemeinschaftsgeists zuständig.

Am Beispiel von *Schwarze Pumpe* lässt sich besonders gut zeigen, dass ein Kombinat nie nur ein wirtschaftliches Unternehmen darstellte, sondern dass es immer auch eine soziale Einheit bildete.

Wer war das Gaskombinat *Schwarze Pumpe*?

Der *VEB Gaskombinat »Schwarze Pumpe«* wurde zum 1. Januar 1970 durch Fusion des Kombinats *Schwarze Pumpe* mit dem *VEB Verbundnetz Gas Berlin (VNG)*, dem *VEB PKM Anlagenbau Leipzig*, dem *VEB Ferngasleitungsbau Engelsdorf* und dem *Deutschen Brennstoffinstitut Freiberg* mit dem Ziel gebildet, die schnell voranschreitende Gasifizierung in dem kommunalen und industriellen Wirtschaftsbereichen der DDR komplex zu leiten.

Die wirtschaftliche Begründung für diese Fusion lieferten die Ergebnisse des »Neuen ökonomischen Systems« (NÖS). Im Gaskombinat lag nunmehr die Verantwortung für die Forschung, die Projektierung und den Anlagenbau, ebenso für die Produktion – begonnen im Tagebau bis zu den Endprodukten Brikett, Koks, Stadtgas, Elektroenergie und Wärme – sowie für die Transporte und die Bevorratung von Stadt- und Erdgas bis hin zur Versorgung der Abnehmer zu jeder Zeit.

Ende der Siebzigerjahre wurde in der DDR die Notwendigkeit einer wirtschaftlichen Reform immer zwingender. Die Vernachlässigung bestimmter Industriezweige, die ständige Verschiebung dringender Rekonstruktionen in wichtigen Industriebetrieben und die großzügige Entwicklung von Prestigevorhaben machten die Widersprüche in der Wirtschaft von Monat zu Monat deutlicher. Das galt auch für die Gas- und Kohleveredlungsindustrie. Mit dem etappenweise vollzogenen weisen Zusammenschluss des Gaskombinats mit dem *VEB Steinkohlenkokereien »August Bebel« Zwickau*, den *VEB Braunkohlenwerken Espenhain* sowie *Lauchhammer* und dem *VEB Kraftwerke »Artur Becker« Trattendorf* sollte der Weg zur Lösung dieses Widerspruchs geebnet werden.

Im Kombinatsverband waren nunmehr 82 Prozent der Stadtgasproduktion, der vollständige Erdgasimport, 100 Prozent der Koksproduktion – sowohl an Braunkohlenhochtemperatur-Koks, Schwelkoks und an Steinkohlenkoks sowie deren Flüssigprodukte – und etwas weniger als zehn Prozent der Elektrizitätserzeugung zusammengefasst. Für die Versorgung mit Stadt und Erdgas leistete das VNG mit dem Gasleitungsnetz und den Untergrundspeichern (UGS) eine täglich stabile Arbeit. Wirtschaftlich wurde das Kombinat nach 1970 rentabel und erreichte in den Achtzigerjahren Betriebsgewinne von bis zu einer Milliarde Mark pro Jahr. Dafür sorgten die 34.000 Beschäftigten des Gaskombinats.

Wissenschaft, Projektierung, Anlagenbau für die Gas- und

Koksindustrie wurden zielgerichtet im *Deutschen Brennstoffin-stitut (DBI)* in Freiberg, im PKM in Leipzig und im *Ferngas-leitungsbau Engelsdorf* sowohl für das Inland als auch für den Export objektkonkret betrieben.

Im Kombinat waren fast täglich neue wissenschaftliche oder einzelne technische Lösungen gefragt. Der Stammbetrieb, das Kombinat *Schwarze Pumpe*, arbeitete mit einem energetischen Wirkungsgrad von 72 Prozent. Das DBI und das PKM wa-ren gemeinsam mit der Forschung im Stammbetrieb und den Technikern vor Ort die Garanten für die kurzzeitigen Über-führungen von Erkenntnissen in die Praxis. Die wohl beste wissenschaftlich-technische Entwicklung war die Staubdruck-vergasung, das GSP-Verfahren. Innerhalb von sechs Jahren wurde dies realisiert – von der Idee über die Versuchsanlage im DBI bis zur 200-MW-Anlage im Stammbetrieb. Heute ist diese Technologie weiterhin als Spitzenleistung angesehen – nun unter dem Namen »Siemens Fuel Gasification Technolo-gy« – und wird weltweit, vorrangig in China, in Einheiten bis 500 MW vermarktet.

International waren die Betriebe des Kombinats sichtbar aktiv. Die bekanntesten Objekte waren: die Drushba–Trasse von der kleinen Stadt Bar nach Krementschuk – über 500 Ki-lometer lang und realisiert mit bis zu 10.000 Trassenerbauern durch den Generalauftragnehmer PKM und den Nachauf-tragnehmer für den »linearen Teil«, dem Ferngasleitungsbau Engelsdorf –, das Druckgaswerk in Kosovo und schließlich das Druckgaswerk in Harbin in der VR China mit PKM als Generalauftragnehmer und vielen wissenschaftlichen Leistun-gen des DBI und der Forschung im Stammbetrieb. Mit der Steinkohlenkokerei Zwickau wurden auch die Restarbeiten, die mit der Einstellung der Steinkohlenproduktion einher-gingen, übernommen und somit auch das Wissen um diesen speziellen Bergbau. Daraus erwuchs die Aufgabe zur Leitung der Wiederinbetriebnahme der Steinkohlengruben in Moatice in Mosambik mit über hundert Beschäftigten unseres Kombinats und 2.500 Werktätigen der *Carbomoc.*

Die wissenschaftlichen und technischen Leistungen der Gaswirtschaft der DDR waren international anerkannt. Durch die *Internationale Gas-Union (IGU)* wurde schließlich 1988 der 18. Weltgaskongress, angedacht für 1991, an die *Kammer der Technik der DDR* nach Berlin vergeben. Er wurde sodann ein Weltgaskongress des schon wiedervereinigten Deutschlands und der Gaswirtschaft der Bundesrepublik.

Doch jetzt noch einmal zurück zu den Anfängen von *Schwarze Pumpe.*

Vom bunten Haufen zum Kollektiv

Das Kohleveredlungskombinat *Schwarze Pumpe* wurde 1955 auf der grünen Wiese in der Niederlausitzer Ortschaft Schwarze Pumpe errichtet. Namensgeber für den Industriestandort war das Gasthaus *Schwarze Pumpe,* dass mittlerweile still und leise »vor sich hinbröckelt«. Damals jedoch ward es genutzt als Arbeitsstätte des Aufbaustabs. Bei jedem Telefonat meldeten sich die Kollegen mit: »Hier Schwarze Pumpe!« So war der Name nicht mehr wegzudenken. Er lebte einfach fort.

Die Arbeiter kamen aus allen Teilen der DDR. »Echte Lausitzer«, die traditionell etwas von Kohle verstanden, waren nur fünfhundert bis achthundert von ihnen. Alle anderen wurden angeworben. Die Zahl der Werktätigen wuchs stetig. Waren es im Jahre 1960 noch um die fünftausend Beschäftigte, so hatte sich die Anzahl bis 1980 fast verdreifacht. Die meisten der Werktätigen zogen nach Hoyerswerda, wo in Anlehnung an den Kombinatsaufbau riesige Wohnblöcke errichtet worden waren. So gab es in der Stadt alsbald »regionale Straßenzüge« – beispielsweise eine »Straße der Mecklenburger« oder eine »Straße der Zwickauer«. Sogar Fahnen wurden gehisst, die anzeigten, aus welcher Region die Bewohner stammten.

Die Herausforderung bestand für uns darin, aus dieser bunten Truppe von Menschen ein Kollektiv zu formen, das nicht nur für den Betrieb, sondern auch füreinander einstand. Neben der Planerfüllung stand unser Kombinat demzufolge vor zwei wichtigen Fragen: Wie bringen wir diese immer steigende Zahl von Mitarbeitern so zueinander, dass sie ein echtes kameradschaftliches Verhältnis entwickeln? Wie schaffen wir es, dass sie sich im Betrieb und in den neuen Wohnstätten zu Hause fühlen? Die Betreuung der Arbeiter war also von entscheidender Bedeutung. Hierfür mussten finanzielle Mittel bereitgestellt werden. So gab es bei uns den »Plan der Arbeits- und Lebensbedingungen«.

Plan der Arbeits- und Lebensbedingungen

Bei Beratungen im Ministerium und in der SED-Kreisleitung erlebte ich immer wieder, dass die Prioritäten unterschiedlich gesetzt wurden. Der Minister interessierte sich vorrangig für die Themen, die sich um die Erfüllung der Produktionspläne rankten. Er befasste sich nicht mit den Bedingungen, unter denen die Beschäftigten in den Betrieben arbeiteten. Bei der Kreisleitung dagegen standen letztere im Vordergrund. Dort hieß es: »Zuerst die Arbeits- und Lebensbedingungen! Das bisschen Plan schafft ihr schon!«

Gleichwohl war der Plan der Arbeits- und Lebensbedingungen im Kombinat *Schwarze Pumpe* eine feste Größe. 1972 standen uns für seine Umsetzung 32 Millionen Mark der DDR zur Verfügung. Diese Summe erhöhte sich bis 1987 auf 39 Millionen. Die Größenordnung dieser Sozialausgaben braucht nicht zu erschrecken; sie war auch nicht schuld – wie einige behaupten – am »Ruin der DDR«. Tatsache ist, dass der Gewinn des Kombinats 1972 noch bei bescheidenen achtzig Millionen Mark lag. Bis 1987 war er aber auf 1,1 Milliarden Mark angestiegen. Die Investition von 39 Millionen in die Verbesserung der Arbeits- und Lebensbedingungen der Werktätigen ist dagegen ein kleiner Betrag.

In Anbetracht der Relation bin ich sicher, dass die Betriebe nicht aufgrund ihrer Ausgaben für soziale Leistungen kaputt gegangen sind. Vielmehr beförderten diese Ausgaben die Verbundenheit der Belegschaft mit dem Kombinat und führten dazu, dass die Beschäftigten bereit waren, sich auch in schwierigen Zeiten für den Betrieb einzusetzen.

Dies zeigte sich besonders bei Zwischenfällen und Versorgungsengpässen. In *Schwarze Pumpe* ereigneten sich zwei schwere Unfällen. Im April und im Juli 1971 havarierten die Sauerstoffturboverdichter 1 und 2 mit schweren Folgen für die Stadtgaserzeugung und im Februar 1982 explodierte die Kältekolonne eines Rectisolstranges mit gleicher direkter Wirkung auf die Gasversorgung des Landes. Solche schwierigen Zeiten waren Phasen der Bewährung. Niemand fragte nach Anfang und Ende der Belastung, bis das Ziel einer stabilen Versorgung wieder erreicht war.

Auch eisige Winter machten uns zu schaffen. In diesen Zeiten kämpften wir darum, die Versorgung der Bevölkerung mit Strom und Wärme aufrechtzuerhalten. Unsere Werktätigen leisteten dann so manche Überstunde – ohne dass wir sie lange darum bitten mussten. Die Arbeiter unterbrachen ihren Urlaub, kamen zum Dienst und taten ihr Bestes, um den Betrieb der Kraftwerke und Fabriken zu gewährleisten. Es war uns spürbar gelungen, eine geschlossene Belegschaft zu formen, in der einer für den anderen und für das Kombinat einstand.

Natürlich gab es auch »Nörgler«, Menschen, die immer wieder etwas zu kritisieren hatten und sich Gehör verschafften. Besonders in Erinnerung geblieben ist mir eine spezielle »Eingabedame«, die beinahe jede Woche einen neuen Beschwerdebrief an mich schickte, um ihrem Unmut Luft zu machen. Keines ihrer Schreiben blieb unbeantwortet. Geduldig und verständnisvoll reagierte ich darauf. Die Probleme ließen sich zumeist lösen und der Frieden im Kollektiv war wiederhergestellt.

Verpflichtungen für das Kollektiv

Alljährlich wurde bei uns – wie in allen anderen DDR-Betrieben – der Betriebskollektivvertrag (BKV) in Zusammenarbeit mit der Betriebsgewerkschaftsleitung (BGL) erstellt. Hierin wurden vor allem die Maßnahmen zur Verbesserung der Arbeits- und Lebensbedingungen verankert, aber auch Festlegungen getroffen, die sich motivierend auf die Leistungen der Werktätigen auswirkten.

Der BKV unseres Kombinats hatte einen ausführlichen Anhang, der ungefähr dreißig Werkstandards beinhaltete – vom Arbeitsschutz bis zu den Zuschlägen. Der Werkstandard »Ehrung und Betreuung der Werktätigen« brachte deutlich zum Ausdruck, inwiefern das Kombinat seine Arbeiter »von der Wiege bis zur Bahre« begleitete. Dies begann bei der Wertschätzung der familiären und persönlichen Höhepunkte, ging über die Anerkennung von Leistungen bei der Arbeit und endete bei der Betreuung und Unterstützung der Angehörigen bei einem Todesfall.

Der Berufsverkehr war für alle Werktätigen vom Wohnort bis zum Kombinat kostenfrei. Die Aufwendungen von über sechs Millionen Mark pro Jahr trug das Kombinat.

Es gab finanzielle Zuwendungen bei der Eheschließung, der Geburt eines Kindes, dessen Einschulung und seiner Jugendweihe. Schulische Leistungen wurden honoriert, es gab Glückwünsche zu den Geburtstagen und Aufmerksamkeiten zu Weihnachten. Die Höhe dieser Aufwendungen war genau festgelegt: So erhielten Eltern zur Geburt des ersten Kindes zweihundertfünfzig, beim dritten Kind sogar eintausend Mark. Das Geld musste nicht zurückgezahlt werden. Es war ein zusätzliches »Geschenk«, das – neben der regulären staatlichen Zahlung von eintausend Mark für jedes Kind – vom Kombinat bereitgestellt wurde.

Dass der Betrieb diese nicht willkürlichen, sondern konkreten Verpflichtungen übernahm, zeugt von der moralischen Verantwortung, die er gegenüber seinen Beschäftigten einging. Letztlich war der BKV ein probates Mittel, um das Vertrauensverhältnis zwischen Belegschaft und Betrieb zu befördern.

Mogeln für die gute Sache

Auch Baumaßnahmen, die der Verbesserung der Arbeits- und Lebensbindungen unserer Werktätigen dienten, leistete das Kombinat – auf eigene Kosten. So ließen wir Eigenheime, Wohnungen, Kinderferienlager und ein Schwimmbad errichten. Wir initiierten, investierten und bauten sogar ein Betriebskulturhaus. Solch eine Stätte war längst überfällig geworden, denn in der wachsenden Wohnstadt Hoyerswerda mangelte es an kulturellen Betätigungs- und Erlebnismöglichkeiten. Damit es endlich zur Errichtung einer Kulturstätte kommen konnte, mussten wir uns eines Tricks bedienen. Heute kann ich den Coup preisgeben: Ich war Mitglied der Kommission auf dem IX. Pateitag der SED 1976. Die Redaktionskommission bearbeitete auf der Grundlage der Diskussionen auf dem Parteitag die endgültige Fassung der Parteitagsbeschlüsse für die nächste Wahlperiode. Im Kulturteil der regionalen Beschlussvorlage war die »Rekonstruktion des Stadttheaters Cottbus« als Vorschlag enthalten. Heinz Lesinski, mein Vorgänger als Werkleiter von *Schwarze Pumpe* und nunmehr bei der *Staatlichen Plankommission (SPK)* tätig, beriet die Redaktionskommission. Wir tauschten uns über die schwierige Situation in der Wohnstadt Hoyerswerda aus und ergänzten die Beschlussvorlage mit den für uns entscheidenden Worten: »und Aufbau des Kulturhauses der Berg- und Energiearbeiter in Hoyerswerda«. So wurde dies ein Parteitagsbeschluss. Zunächst bemerkte niemand unseren eigenmächtigen Eingriff. Als Werner Walde, erster Sekretär der SED-Bezirksleitung Cottbus und Mitglied des ZK, jedoch einen Blick auf das Dokument warf, frage er prompt: »Wer hat das dahinein formuliert?« Doch dann meinte er: »Egal, Beschluss ist Beschluss!« – Und dieser sollte schließlich den Bergarbeitern zugutekommen. Das Vorhaben wurde fortan voll unterstützt.

Der erste Spatenstich wurde am 16. September 1976 gesetzt und am 30. April 1984 nahmen wir »unser Kulturhaus« in Hoyerswerda in Betrieb. Das *Haus der Berg- und Energiearbeiter* war eine Kulturstätte mit Stil: Nicht nur die Beschäftigten des Kombinats gingen gern dorthin; das Haus stand für alle Einwohner der Stadt offen. Es bot ihnen Clubräume für die unterschiedlichsten kulturellen Veranstaltungen, einen Saal für Konzerte und Theateraufführungen sowie mehrere Gaststätten. Noch heute steht dieser kleine »Palast der Republik« – seine Architektur erinnert an das inzwischen abgerissene Original in Berlin – und wird als *Lausitzhalle* weiterhin von den Menschen der Stadt genutzt.

Verlust von sozialer Einheit

Dass die Arbeiter von *Schwarze Pumpe* ihr »eigenes« Betriebskulturhaus bekamen, trug beträchtlich zu ihrem Zusammenhalt bei. Die Belegschaft des Kombinats wuchs noch enger zusammen.

Heute führen die Betriebe soziale und kulturelle Leistungen nach außen ab – sie sind entweder als Dienstleistungen ausgelagert oder werden überhaupt nicht als Zuständigkeit des Unternehmens erkannt.

Während das Kombinat in der DDR aus sich heraus dafür sorgte, die Arbeits- und Lebensbedingungen der Beschäftigten zu gestalten, sparen sich die Betriebe heute die Ausgaben für diese Bereiche. Zumeist werden Kultur und Soziales ohnehin durch Steuergelder finanziert oder über freie Trägerschaften und auf Privatinitiative hin realisiert.

Die Betriebe vergeben sich damit die Chance, ihre Belegschaft durch konkrete eigene Maßnahmen zusammenzuschweißen und an die Firma zu binden. Was das Kombinat auf diesem Gebiet geleistet hat, ist bemerkenswert und sollte nicht in Vergessenheit geraten.

In *Schwarze Pumpe* jedenfalls ging die Rechnung auf. Die mehr als 15.000 Beschäftigten, die Ende 1989 zum Kombinat gehörten, widmeten »ihrem« Betrieb sogar eine Hymne. So hieß es bei uns: »Aber eins, aber eins, das bleibt bestehen – die Schwarze Pumpe wird nie untergehen!« – Diese Hoffnung erfüllte sich nach der Wende leider nicht, aber das ist eine andere Geschichte...

Hans-Joachim Lauck

Geboren wurde ich 1937 in Freyburg an der Unstrut. Im VEB Metallschmelz- und Walzwerk Merseburg *schloss ich eine Ausbildung zum Betriebsschlosser ab und arbeitete als erster Jugendbrigadier dieses Betriebes, in der Jugendbrigade »II. Deutschlandtreffen«, bevor ich 1955 zum Studium nach Riesa ging. An der* Ingenieurschule für Walzwerk- und Hüttentechnik *studierte ich im Fach Walzwerktechnik und verließ diese mit dem Ingenieursabschluss. Danach arbeitete ich zunächst als Assistent des Produktionsdirektors und später als Produktionsleiter im* VEB Stahl- und Walzwerk Hennigsdorf »Wilhem Florin«.

1964 wurde ich zur Vereinigung der Volkseigenen Betriebe (VVB) Stahl- und Walzwerke *delegiert und begann als Hauptreferent. Danach war ich als Abteilungsleiter tätig und wurde 1968 zum Produktionsdirektor berufen. Parallel zu meiner Arbeit in der* VVB *absolvierte ich ein sechsjähriges Fernstudium an der* Bergakademie Freiberg. *Ich war außerdem aktiv in der Arbeitsgruppe zur Kombinatsbildung der Schwarzmetallurgie. Mit der Auflösung der* VVB Stahl- und Walzwerke *wurde ich ab dem*

1. Januar 1970 Produktionsdirektor des VEB Qualitäts- und Edelstahl-Kombinat (QEK).

Im Oktober des gleichen Jahres wurde ich kommissarisch als Werkdirektor des VEB Stahl- und Walzwerks Brandenburg (SWB) *eingesetzt und am 1. April des Folgejahres offiziell bestätigt. 1979 wurde das SWB Stammbetrieb des* VEB Qualitäts- und Edelstahl-Kombinat Brandenburg *und ich zu dessen Generaldirektor ernannt. In Personalunion war ich gleichzeitig Betriebsdirektor des SWB.*

1985 promovierte ich auf dem Gebiet der Metallformung zum Doktor der Ingenieurwissenschaften an der Bergakademie Freiberg. *Ein Jahr später verließ ich Brandenburg und das QEK, weil ich als Minister für Schwermaschinen- und Anlagenbau nach Berlin berufen wurde. Das Ministerium lenkte ich von 1986 bis 1989. Im Januar 1990 übernahm ich als Minister das Ressort Maschinenbau. Hier trat ich die Nachfolge von Karl Grünheid an, der als Vorsitzender in das Wirtschaftskomitee zur Durchführung der Wirtschaftsreform ging. Die Tätigkeit des Ministers für Maschinenbau hatte ich bis zur Auflösung der Regierung Modrow am 12. April 1990 inne. Danach war ich Unterabteilungsleiter für Maschinenbau im Wirtschaftsministerium der de-Maizière-Regierung bis November 1990.*

Kollektiv und Kommune – Verantwortung über das Kombinat hinaus

Der Grund für meinen Einsatz als kommissarischer Werkdirektor des *VEB Stahl- und Walzwerk Brandenburg (SWB)* im Oktober 1970 waren die desaströsen Zustände im Betrieb. Der größte Stahlproduzent unseres Landes hatte Planschulden angehäuft und andere erhebliche Mängel im Betriebsablauf. Dies wurde sogar in der Zeitung *Neues Deutschland* verlautbart. Unter dem Titel *Misstöne im »Brandenburgischen Konzert«* hatte das Blatt am 10. Dezember 1969 öffentlich moniert, dass der »Schuldenberg« auf etwa vierzigtausend Tonnen Rohstahl angewachsen wäre. »Störungen auf einer so elementaren Stufe der Produktion wie der Stahlschmelze fächern sich – das ist ökonomische Binsenweisheit – in Richtung zu den Endproduzenten zu einem Wust von Schwierigkeiten auf, der die Volkswirtschaft schwer belastet«, beklagten die Autoren, Otto Schoth und Hans Rehfeldt, in dem Artikel. Sie bemängelten weiterhin, dass die Leitung des Betriebes die Schwierigkeiten »offenbar nicht real beurteilt« und die Gesellschaft sowie die Belegschaft sogar »monatelang hinters Licht geführt« habe. Ein Wechsel an der Spitze des Unternehmens war offensichtlich unabdingbar geworden.

Als ich unter diesen Voraussetzungen nach Brandenburg kam, um die Tätigkeit als Werkdirektor zu übernehmen, war ich noch recht jung. Um im Werk etwas bewegen zu können, musste ich mir den Respekt der Belegschaft erst erarbeiten. Ich suchte das offene Gespräch mit den Kollegen und fand unter ihnen alsbald Kameraden und Freunde. Diese lieferten mir keine beschönigten Erklärungen darüber ab, warum das SWB so wenig erfolgreich war. Sie berichteten wahrheitsgetreu von der unzufriedenen Stimmung unter den Arbeitern, ja, der gesamten Belegschaft, und von den Zuständen im Werk.

So waren dringend notwendige technische und organisatorische Veränderungen im Betrieb nicht vorgenommen worden, es mangelte an Ordnung und Sauberkeit. Die Schlackenberge im Gießbetrieb waren so hoch – circa vier Meter –, dass man fast bis zur Ofenbühne hinauflaufen konnte, es gab viele Unfälle und vieles anderes mehr.

Ein zentraler Aspekt waren auch die mangelhaften Arbeits- und Lebensbedingungen. Für jeden Betrieb, so wurde mir schnell klar, ist es entscheidend, dass sich die Unternehmensleitung mit der Arbeitskultur, mit dem Leben, Denken und Fühlen der Mitarbeiter auseinandersetzt. Sie sollte das gesamte Arbeits- und Lebensumfeld betrachten, um es so gut wie möglich kennen und verstehen zu lernen. Nur so kann das Vertrauen der Werktätigen gewonnen und ein effektives Arbeiten im Betrieb gewährleistet werden.

Am 4. April 1973 – zwei Jahre nach meiner offiziellen Berufung zum Werkdirektor des *VEB Stahl- und Walzwerk Brandenburg* – vermeldete das *Neue Deutschland* glänzende Erfolge: Unter dem Titel *Ein neuer Rhythmus im Brandenburgischen Konzert* berichtete die Zeitung darüber, »wie das größte Stahlwerk der DDR ein zuverlässiger Partner der Volkswirtschaft wurde«. Von dem Bild, »ein Sorgenkind der Industrie« zu sein, hatten wir uns also befreit. Nicht nur, dass wir seit September 1970 Monat für Monat den Plan erfüllten, auch das Betriebsmilieu hatte sich entscheidend gewandelt.

Bestandsaufnahme

Neben den volkwirtschaftlichen Anforderungen an »meinen« Betrieb war für mich als »frisch gebackener« Werkdirektor die Beantwortung folgender Fragen zentral: Welches Niveau hatten die Arbeits- und Lebensbedingungen im Betrieb? Wie war die Versorgung organisiert? Herrschten Ordnung und Sauberkeit am Arbeitsplatz und auf dem Betriebsgelände? Welche

Qualität hatten Ferien- und Kindereinrichtungen? Wie ist die Poliklinik ausgestattet und wie leisten die Ärzte präventive Arbeit im Betrieb, vor Ort? Welche Rolle spielt der Sport im Unternehmen und im Umfeld? Wie ist das kulturelle Angebot für Erwachsene, Kinder und Jugendliche organisiert?

All das setzte den Rahmen für die Arbeits- und Lebensbedingungen im Werk. Peu à peu versuchte ich, diesen neu auszugestalten.

Unter all dem gab es für das SWB – wie in der gesamten Metallurgie auch – einen besonders wichtigen Aspekt: die Bereitstellung und Instandhaltung von Umkleideräumen und Duschen. Die Arbeit von Stahlwerkern ist körperlich anstrengend und mit Staub verbunden. Es ist heiß an den Schmelzöfen, die Menschen in den Werkhallen des Stahl- und des Walzwerkes schwitzen. So erschien mir die Einrichtung einer »Schwarz-Weiß-Umkleide« unumgänglich. Ich sorgte dafür, dass jedem Arbeiter zwei Spinde zur Verfügung gestellt wurden, einer für die Straßen- und einer für die Arbeitskleidung. Außerdem galt es, die Sanitäreinrichtungen (Duschräume, Toiletten) zu modernisieren. Als wir jedoch neue Duschköpfe angebracht hatten, war die Hälfte von ihnen innerhalb von vierundzwanzig Stunden wieder abmontiert. Einige Arbeiter hatten nicht das Wohl der gesamten Belegschaft im Auge. Sie nahmen die Duschköpfe mit nach Hause, um ihre eigenen Bäder damit auszustatten. In der Belegschaftsversammlung fand ich dazu harte, eindeutige Worte. Solch ein Diebstahl durfte sich nicht noch einmal ereignen. Mithilfe einer Vielzahl von Maßnahmen, wie die Kontrolle dieser Einrichtungen während der Schicht, Einführung von Öffnungszeiten für die Umkleideräume, die Einbeziehung aller gesellschaftlichen Kräfte (Parteileitungen, Gewerkschaft, FDJ zur Vorbildwirkung) oder die Einladung der Frauen zur Besichtigung der Umkleide- und Speiseräume ihrer Männer, erreichten wir eine wesentliche Besserung zur Zufriedenheit aller.

Genauso wichtig wie gebrauchsfertige Duschen und gut ausgestattete Umkleideräume war für unsere Belegschaft die Essensversorgung. Nur wenn es ein abwechslungsreiches Speisenangebot und anständige Mahlzeiten gab, waren die Arbeiter zufrieden und belastbar. Wir hatten auf dem Brandenburger Werksgelände fünf Betriebsküchen und dazugehörige Speiseräume. Ich ließ die Versorgungstrakte, einschließlich der Küchen samt Inneneinrichtungen, rekonstruieren und modern ausstatten. Fünfundneunzig Prozent der Mitarbeiter nutzten das Angebot der Essensversorgung. Täglich wurde im Stahlwerk und im Walzwerk Verpflegung angeboten. Auch an Sonn- und Feiertagen. In allen Speiseräumen gab es einen Plan der Öffnungszeiten.

Neben der Befriedigung dieser grundlegenden Bedürfnisse stellte unser Betrieb weitere Fürsorgeeinrichtungen für die Werktätigen zur Verfügung. Dazu gehörte ein Kinderdorf, in dem die Kinder der Werkmitarbeiter – vom Kleinkind bis zur achten Klasse – betreut wurden. In den Schulferien konnten die Kinder unser Ferienlagerangebot nutzen. Wir betrieben zwei Kindererholungsstätten – im brandenburgischen Wiesenburg sowie in Bollmannsruh. Zudem hatten wir, wie fast alle anderen Betriebe im Land auch, Erholungsheime. Dort konnten die Angestellten mit ihren Familien die Urlaubszeit verbringen. Die Urlaubsplätze waren zuweilen rar, sodass die Kapazitäten dafür ausgeweitet werden mussten. So erbauten wir das *Ferienobjekt Bollmannsruh*, gelegen am Beetzsee. Die Zimmer der Erholungsstätte hatten alle Seeblick, der neu geschaffene Badestrand war für alle zugänglich. Zudem war die Betreuung der Kinder gewährleistet, ein separates Gebäude sicherte die Versorgung der Gäste und Tagesausflügler, ein Saal für Veranstaltungen mit Platz für etwa hundert Personen war außerdem integriert. Dieses Objekt ist auch heute ein Anziehungspunkt für Urlauber und Tagesgäste. Auch das Pionierlager in Bollmannsruh, etwa zweihundert Meter vom Ferienheim entfernt, rekonstruierten und sanierten wir. Neu schufen wir zudem ein Ferienobjekt in Baabe an der Ostsee. Das Ferienhaus »Bergfrieden« – gleich neben der Seilbahn in Oberwiesenthal – bauten wir um zu einer modernen Erholungsstätte mit Skikeller und anderen wichtigen Einrichtungen.

All diese »Stätten der Fürsorge« gehörten zum Betrieb. Das heißt, kein außenstehendes Unternehmen oder ein freier Träger, sondern der Betrieb selbst bewirtschaftete diese Einrichtungen und sorgte dafür, dass sie funktionierten.

Ein japanisches Vorbild

Einige Ideen für Neuerungen auf dem Gebiet der Arbeits- und Lebensbedingungen, die ich im SWB einführte, hatte ich von einer Reise aus Japan mitgebracht. Für den Bau unserer neuen Walzstraße zur Herstellung von Vorbrammen für die Grobblechwalzwerke war ich im August 1978 mit Vertretern des *VEB Ingenieurbetrieb für Anlagen (INGAN)*, ein Ingenieurbetrieb für Anlagen des *VEB Schwermaschinenbau-Kombinat »Ernst Thälmann« (SKET)*, in Japan. Wir besuchten die Firma IHI in Yokohama, ein Lieferwerk für technische Ausrüstungen, und Walzwerke, in denen die von IHI gelieferten Anlagen im »heißen« Betrieb produzierten.

Wir waren dort, um uns über das technische und wirtschaftliche Niveau beim Bau solcher Walzwerke zu informieren. Vor allem ging es uns darum, festzustellen, ob sie in der Lage wären, Weltspitzenprodukte im Walzwerkbau zu liefern. So sahen wir uns die Einrichtungen der Konstruktionsbüros, die Fertigungshallen des Maschinenbaus und gelieferte Walzstraßen im laufenden Betrieb an.

Was mich – neben der Technik – nachhaltig beeindruckte, waren die Ordnung und Sauberkeit, die im gesamten Betrieb in Yokohama herrschten. Besonders eindrücklich war für mich, dass wir beim Betreten der in Betrieb befindlichen Walzstraße gebeten wurden, weiße Handschuhe anzuziehen, mit dem Hinweis, dass wir uns diese nach dem Betriebsrundgang genauer ansehen möchten. Bevor wir das Werk verließen, betrachteten wir also die Handschuhe: Sie waren ein klein wenig mit Staub bedeckt. Als Personen der Praxis wussten wir, was das bedeutete. Augenscheinlich war die Luft in den Werkhallen klar, die Entstaubungsanlagen an den Walzgerüsten funktionierten. Für unsere neue Walzstraße war das sehr wichtig.

Nicht nur das Werksgebäude selbst, sondern auch seine Außenanlagen wirkten sauber und gepflegt. Die Bäume, die ringsum gepflanzt worden waren – es handelte sich um Kanadische Eichen –, verschönten das Werksgelände und verliehen ihm eine angenehme Atmosphäre. Sie waren aber nicht nur wegen ihres erquicklichen Anblicks gepflanzt worden: Diese Baumart, so erfuhr ich, produziert besonders viel Sauerstoff und dient somit der Luftverbesserung. Außerdem fielen mir die unmittelbar vor dem Betriebsgelände aufgestellten Masten auf, an denen unterschiedliche Fahnen gehisst worden waren. Ich erkundigte mich: »Was sind denn das für Fahnen?« Mir wurde von meinem Betreuer, dem EUROPA-Vorstand von IHI, erklärt, dass sie für bestimmte Informationen über den Betrieb standen. So gab es beispielsweise eine Fahne für »unfallfreies Arbeiten in diesem Monat«, andere zeigten an, dass der Gewinnplan erfüllt wurde oder der Betrieb die Auszeichnung für gute Qualitätsarbeit erhalten hat.

Als ich von der eindrucksvollen Reise zurückgekehrt war, war ich bestrebt, einige der Anregungen umzusetzen. So stellten wir nach dem japanischem Vorbild am Werkseingang und an der Hauptverwaltung weiße Fahnenmasten auf, an denen einige an das Werk überreichte Ehrenbanner sowie die Fahne des SWB, der *BSG Stahl Brandenburg*, der Stadt Brandenburg und andere angebracht wurden.

Ich veranlasste, dass die Straßen und Wege auf unserem

Betriebsgelände regelmäßig gesäubert, neue Grünanlagen angelegt und diese beständig gepflegt wurden. Für diese Arbeit stellten wir Menschen ein, die eine leichte Lern- oder Körperbehinderung hatten. Sie halfen uns, die Grünanlagen zu gestalten und zu kultivieren. Für die Markierung der Straßen, der Fahrrad- sowie Fußwege organisierte ich eine Zusammenarbeit mit der Autobahnmeisterei Niemegk und beschaffte die weiße Farbe über den Außenhandel (als NSW-Import). Sie musste besondere Eigenschaften haben. Die dafür nötigen Rohstoffe waren in der DDR nicht vorhanden.

Für die vielen Kilometer der Straßen, Fuß- und Fahrradwege im SWB war eine Straßenkehrmaschine dringend erforderlich. Diese konnte nur über Umwege beschafft werden, denn das SWB hatte dafür keinen Bilanzanteil. Straßenkehrmaschinen waren Mangelware; man sagte, sie würden wie Goldstaub gehandelt. Die Beschaffung war nur möglich, weil ich Lothar Heinzmann, den Generaldirektor des IFA-Kombinats, persönlich kannte.

Um unseren Werktätigen den tieferen Sinn all dieser Maßnahmen nahe zu bringen, trat ich vor die Belegschaft: »Im Betrieb soll ein Klima geschaffen werden«, so erklärte ich, »in dem sich jeder Arbeiter wohlfühlen kann. Ein jeder verbringt einen Großteil des Tages im Werk. Die meisten kommen mit öffentlichen Verkehrsmitteln zur Arbeit. Zur Spätschicht nehmen wir oft den letzten Bus oder die letzte Straßenbahn, es ist eng und unbequem, im Sommer schwitzt, im Winter friert man. Wenn wir dann den Schlagbaum zum Werksgelände passieren, dann soll der erste Eindruck ein positiver sein. Wir betreten ein sauberes, strukturiertes Gelände, auf dem wir uns sicher fühlen. Weiße Striche zeigen die Straßenbegrenzungen an, es gibt Grünanlagen mit kleinen Sprengern darauf – kein abstoßendes, sondern ein einladendes Bild haben wir vor Augen. Ist es dann nicht weitaus erfreulicher, zur Arbeit zu kommen, und sind wir dann nicht motivierter, diese anzupacken?«

Nach und nach setzte sich meine »Philosophie der Ordnung und Sauberkeit« im Betrieb und am Arbeitsplatz durch. Nicht nur, dass das Werk äußerlich einen guten Eindruck machte, die Maßnahmen hatten auch Einfluss auf die Menschen selbst und deren Blick auf »ihren« Betrieb.

Auswirkungen auf die Arbeits- und Lebenskultur

Mein beharrliches Eintreten für einen sauberen und ordentlichen Betrieb zeitigte positive Effekte: Weil das Arbeitsumfeld stimmte, konzentrierte sich jeder umso mehr auf die qualitativen Faktoren der eigenen Arbeit. Weil das Umfeld sauber und gepflegt war, legte jeder Reinheit und Gründlichkeit als Standard bei der eigenen Arbeit an. So kam es nicht von ungefähr, dass ich, wann immer ich im Betrieb überraschend erschien – ob bei Tag oder Nacht –, kaum Beanstandungen hatte. Jeder Bereichsleiter hatte zudem die Anweisung, unangekündigte Inspektionen in seinem Verantwortungsbereich durchzuführen. Es zeigte sich, dass die Regeln nicht nur dann eingehalten wurden, wenn sich der Chef blicken ließ.

So gelang es uns im SWB, den Stolz der Belegschaft auf den Betrieb und das Engagement für die eigene Arbeit zu befördern. Darüber hinaus entwickelten viele Beschäftigte auch ein Ehrgefühl für unsere *Betriebssportgemeinschaft (BSG) Stahl Brandenburg*. Wir waren in unterschiedlichen Sportarten vertreten, am bekanntesten war unsere Fußballmannschaft. Die *BSG Stahl Brandenburg* hatte zwölf Oberliga-Mannschaften – sogar DDR-Meister im Billard – in fünfzehn Sportarten mit einer Mitgliederzahl von über dreitausend Personen. Sie war eine der größten Betriebssportgemeinschaften.

Der Grundgedanke für eine starke BSG bestand darin, den Betriebsangehörigen, deren Kindern sowie der Bevökerung der Stadt eine Möglichkeit zu bieten, sich im Wesentlichen kostenfrei in ihrer Freizeit sportlich aktiv zu betätigen. Für das Wohlbefinden etwas Gutes zu tun, den Namen Brandenburg in die Welt zu tragen und den Stolz der Beschäftigten auf ihren Betrieb zu erreichen.

Auch unser Fanfarenzug trug dazu bei, dass sich die Belegschaft mit dem Werk identifizieren konnte. Es war in Brandenburg wie in vielen Städten der DDR: Die verschiedenen Betriebe und Kombinate der Region standen in ständigem Wettbewerb miteinander. Bei der Festveranstaltung am 1. Mai oder 7. Oktober, dem Gründungstag der DDR, führte immer *das* Werk den Demonstrationszug an, das den Plan am besten erfüllt hatte. War uns dies im SWB gelungen und wir durften den vordersten Rang einnehmen, war es mir wichtig, einen guten Eindruck zu hinterlassen. Ich hatte die Idee, einen SWB-Fanfarenzug zu gründen. Dieser würde vorn als erster marschieren, dahinter kämen dann die Fahnenträger. Wenn der Zug gut funktionierte, so kalkulierte ich, würden die Musik und die dadurch erzeugte Stimmung die Demonstration zu einem Erlebnis und weniger zu einer Pflichtveranstaltung machen.

Solche scheinbaren Kleinigkeiten kosteten natürlich Geld und Kraft. Viele engagierten sich, damit die Ideen in die Tat umgesetzt werden konnten. Aber am Ende gingen die Vorhaben auf. Es gelang uns, die Menschen für ihren Betrieb zu begeistern, sich mit ihm zu identifizieren, stolz auf die Produkte und auf die eigene Arbeitsleistung zu sein. Meiner Meinung nach ist dies etwas, das wir auch heute von der DDR lernen können.

Das Kombinat als Teil der Stadt

In den Jahren 1980/81, als das SWB längst Stammbetrieb des *Qualitäts- und Edelstahlkombinats Brandenburg* war, kamen die Oberbürgermeisterin der Stadt Brandenburg und die

SED-Kreisleitung auf die Idee, uns für die Stadt in die Pflicht zu nehmen. Brandenburg war nunmehr eine Industriestadt, geprägt von den verschiedenen Betrieben: dem SWB, dem Getriebewerk, der Gießerei, den verschiedenen Textilbetrieben, Baubetrieben und vielen anderen mehr. Die Stadt war schmutzig und die Stadtreinigung nicht in der Lage, ihren Aufgaben in vollem Maße nachzukommen. Das Bild, das sich den Besuchern Brandenburgs bot, war nicht sehr einladend.

So kamen die Verantwortlichen der Stadt zu der Einschätzung, dass die Unternehmen, die im Territorium ansässig waren, mit für Ordnung zu sorgen hätten. Zunächst entschied man, dass sie für jene Straßenabschnitte zuständig wären, die direkt an ihr Werksgelände grenzten. Die Oberbürgermeisterin, Elvira Lippitz, konstatierte aber, dass dieser Vorschlag unpraktisch sei. Machten die Betriebe nur »vor ihrer eigenen Haustür« sauber, so gäbe es in einer einzigen Straße ordentliche und unordentliche Abschnitte. Das Argument war nicht von der Hand zu weisen. Allerdings war dem nicht genug: Schließlich, so die weitere Argumentation, lebe ein Großteil der Beschäftigten in der Stadt – die Betriebe hätten demnach mehr Verantwortung zu übernehmen. So wurde die Zuständigkeit der Firmen auf alle Hauptstraßen und die gesamte Innenstadt ausgedehnt. Plötzlich waren wir also für die Ordnung und die Sauberkeit im Großteil Brandenburgs verantwortlich.

Die Kreisleitung der SED fasste den Beschluss, dass unter meiner Leitung eine Arbeitsgruppe zu gründen sei, in der alle Betriebsdirektoren der Stadt zusammenkommen sollten. Zudem wurden die Betriebe verpflichtet, für die materielle und personelle Absicherung der Aufgaben aufzukommen. Nicht die Kommune, sondern die Unternehmen selbst mussten also die Kosten für die Reinigung der Straßen tragen. Damit war die Stadt auf der sicheren Seite: Sollten Ordnung und Sauberkeit weiterhin nicht zufriedenstellend sein, so waren die

Betriebe schuld daran. Der Kreisleitung folgte die Stadtver-
ordnetenversammlung mit einem eigenen Beschluss und unsere Arbeit begann.

Da mir die Leitung oblag, berief ich die Betriebsdirektoren
ein. Gemeinsam planten wir unsere Vorgehensweise, entschieden, wer welche Aufgaben zu übernehmen hatte. Ich stellte
meinen ehemaligen Leiter der Investitionsabteilung, Werner
Brunkow, für die weitere Ausführung ab. Die anderen Werksdirektoren ernannten ihrerseits ebenso einen leitenden Verantwortlichen. In regelmäßigen Besprechungen organisierten wir
mit unseren Verantwortlichen die weiteren Arbeiten. Diese
Mitarbeiter waren sehr engagiert und arbeiteten eng zusammen. Es war so etwas wie der obligatorische »Subbotnik« im
Frühjahr. So gelang es uns innerhalb eines halben Jahres, das
Stadtbild zu verändern. Wir sorgten für Sauberkeit vor den
Betriebsgeländen, strichen Werkzäune, Gebäudefassaden und
Fenster, markierten gefährliche Straßenbereiche, Kurven und
Kreuzungen rot und weiß. Die Kehrmaschine des SWB rei-
nigte Straßen ein- bis zweimal in der Woche. Brachflächen
wurden beräumt und für Parkplätze eingeebnet. Elektrostahl-
werksschlacke wurde als Straßendeckschicht zur Verfügung
gestellt und wir legten damit den »Schwarzen Weg« an. Dieser existiert noch heute im Stadtteil Görden. In den Jahren
1984/85 verarbeiteten wir auf der Magdeburger Straße – von
der Brücke am Altstadtbahnhof bis zur Quenzbrücke – ebenfalls diese Schlacke als Deckschicht. Die Straße wurde erst
2011 erneuert.

Wir konnten alsbald auf ein Ergebnis blicken, dass uns allen
zugutekam – die Stadt sah besser aus als vorher, die Einwohner fühlten sich wohler und die Besucher gewannen einen positiven Eindruck. Trotzdem blieb ein Unbehagen: Denn diese
Übernahme von kommunalen Aufgaben hatte Auswüchse
angenommen, die man einem Betrieb nicht hätte zumuten
sollen. Die Aufgaben und Anforderungen, die der Generaldi-

rektor und das Kombinat hatten, waren durch die Beschlüsse der SED und der Territorialorgane (der Stadtverordneten und Bürgermeister) um ein Vielfaches erweitert worden. So stießen wir an manche Grenze unserer personellen, materiellen sowie finanziellen Möglichkeiten.

Soziale und humanitäre Belange heute

Generell bin ich der Auffassung, dass Mittel- und Großbetriebe eine Mitverantwortung für die sozialen und humanitären Belange ihrer Belegschaft und für das urbane Umfeld haben. Dafür müssen sie materielle und finanzielle Leistungen erbringen. Letztlich dient eine solche »Fürsorge« dem Unternehmen selbst, denn neben dem Werbeeffekt entwickeln die Mitarbeiter Stolz und Engagement für ihren Betrieb.

Die finanziellen Aufwendungen, die dem Betrieb dabei entstehen, sind in der Regel gering. Bei einem Unternehmen, das einen Gewinn in Milliardenhöhe erwirtschaftet – wie das zum Beispiel bei den heutigen DAX-Unternehmen der Fall ist –, fallen Ausgaben für die Arbeits- und Lebensbedingungen im Umfang von einigen Millionen kaum ins Gewicht.

Für kleine und mittlere Betriebe stellt sich die Situation anders dar: Ihr Budget ist in der Regel niedriger und sie können sich nicht in hohem Maße für das Umfeld engagieren, in dem ihre Beschäftigten leben und arbeiten. Es ist aber wichtig, dass sie sich trotzdem in der Kommune einbringen. Dies kann im Rahmen einer Unterstützung des lokalen Sportvereins oder der Freiwilligen Feuerwehr geschehen.

Beim Engagement für gute Arbeits- und Lebensbedingungen muss man also von Betrieb zu Betrieb Differenzierungen vornehmen. Ein jeder steht aber in der Pflicht, seinen Arbeitnehmern ein gutes Umfeld zu ermöglichen. Was die Kombinate in der DDR in diesem Zusammenhang geleistet haben, kann noch heute als Beispiel gelten. Nur mit engagierten Mitarbeitern kann ein Unternehmen Erfolg haben. Dies galt in der DDR und es gilt noch heute.

Epilog

Klaus Blessing

»Was wir von den ›Verlierern‹ lernen können!«

Anmerkungen zum Stand der DDR-Wirtschaft und welche Schlussfolgerungen wir daraus ziehen können

Ich wurde 1936 geboren und bin studierter sowie promovierter Ökonom – studiert habe ich an der *Karl-Marx-Universität Leipzig,* promoviert an der *Bergakademie in Freiberg.* Nach dem Studium ging ich in verschiedene metallurgische Betriebe und habe nicht nur die Ökonomie, sondern auch die praktische Stahlwerks- und Hochofenarbeit kennengelernt. Darüber bin ich noch heute froh, weil mir die Kontakte, die ich zu den Menschen aufbauen konnte, mein ganzes Leben lang erhalten geblieben sind und ich sie bis heute nutzen kann.

1970 wechselte ich in das *Ministerium für Erzbergbau, Metallurgie und Kali (MEMK)* nach Berlin, leitete viele Jahre die Abteilung Planung und Ökonomie. Im Jahre 1980 wurde ich zum Staatssekretär dieses Ministeriums berufen. Sechs Jahre später wurde ich Abteilungsleiter Maschinenbau und Metallurgie im ZK der SED, eine dem »obersten Wirtschaftslenker der DDR«, Günter Mittag, unterstellte Stabsabteilung. Wir hatten 52 Industriekombinate politisch zu betreuen.

Mein kurz skizzierter beruflicher Werdegang legt nahe, dass ich die Wirtschaft der DDR von der Basis bis in die höchsten Führungsebenen kennen- und beurteilen gelernt habe. Wenn ich mir heute Urteile über die Wirtschaft der DDR anmaße, dann stehen diese nicht auf abstrakten akademischen Füßen, sondern erwachsen aus dem tiefgreifenden Einblick in diese Wirtschaft.

Den Zeitzeugen eine Stimme geben

Bevor ich mich aus dieser Position heraus zu einigen inhaltlichen Fragen der DDR-Wirtschaft äußere, möchte ich den Initiatoren und Veranstaltern der Tagung, vorrangig Katrin Rohnstock und ihrem jungen und engagierten Team, meinen Dank aussprechen. Sie haben das fertig gebracht, was linke Organisationen und Parteien nicht geschafft haben, wohl auch gar nicht schaffen wollten: In der Auseinandersetzung über die Wirtschaftssysteme des Kapitalismus und Sozialismus endlich den Personen eine Stimme zu geben, die die Wirtschaft der DDR selbst nicht nur erlebt, sondern praktisch gestaltet haben. Die Debatten über die DDR-Wirtschaft werden damit der Alleinhoheit derjenigen entzogen, die nie an deren praktischer Gestaltung teilgenommen haben, aber als Politiker, Juristen, Theologen oder aus akademischen Studierstuben schon immer alles besser wussten. Statt derer sprechen jetzt Menschen, die an vorderster Wirtschaftsfront unter den schwierigsten Bedingungen der Auseinandersetzung mit dem politischen Gegner von der anderen Seite der Mauer – Wirtschaftsembargo, Handelsbeschränkungen, Ausplünderung und vielem anderen – nicht nur getrotzt, sondern ein »Wirtschaftswunder DDR« gestaltet haben. Ihnen gebührt dafür Respekt und Anerkennung, nicht Verleugnung und Diffamierung.

Damit diese kühne Wertung nicht im luftleeren Raum stehen bleibt, möchte ich mich zu zwei inhaltlichen Fragen äußern. Die erste Frage lautet: Was hat denn die DDR erreicht? Und die zweite: Welche Schlussfolgerungen ziehen wir daraus?

Was das Erreichen betrifft, hat es mich sehr gefreut, dass alle

Zeitzeugen, die auf der Tagung sprachen, von einer selbstbewussten Position ausgingen. Obwohl unsere bisherige Erfahrung zeigte: Wenn wir uns mit einer selbstbewussten Position in die Öffentlichkeit begeben, bekommen wir gleich erst einmal »Sperrfeuer«. Doch mich stört das überhaupt nicht, im Gegenteil, das stimuliert. Erhobenen Hauptes in eine Diskussion zu gehen und eben nicht aus der Verliererposition, obwohl es natürlich objektiv eine Niederlage war, das ist gar keine Frage, ist ungeheuer viel wert.

Wo stand die DDR 1989?

Ich komme jetzt wahrscheinlich wieder einmal in den Verdacht, ich sage es gleich vorneweg, der Schönfärberei. Im Weiteren werde ich mich noch dazu äußern, was aus meiner Sicht in der DDR nicht in Ordnung war. Doch zuvor möchte ich den Blick auf ihre Wirtschaftsleistung lenken. Bei meinen Aussagen stütze ich mich nicht auf Statistiken von Günter Mittag, die »ohnehin alle gefälscht waren« – was so global natürlich auch nicht stimmt –, sondern auf Forschungsergebnisse des *Zentrums für Historische Sozialforschung* mit Sitz in Köln, das diese veröffentlicht hat. Das Institut vollbrachte die wissenschaftliche Leistung, die wirtschaftliche Entwicklung beider deutscher Staaten vergleichbar nach Struktur und Bewertung darzustellen. Aus diesen Materialien ergibt sich:

1. Die DDR-Wirtschaft hat sich von 1949 bis 1989 eindeutig schneller entwickelt als die der Bundesrepublik Deutschland. In Zahlen: Die Wirtschaftsleistung der DDR – vergleichbar ausgedrückt im Bruttoinlandsprodukt je Einwohner – stieg auf das 6,5-fache, die der Bundesrepublik ungefähr auf das 4,5-fache.

2. Die DDR hat auch den Produktivitätsrückstand verringert. Zahlen: Als der Wettlauf losging zwischen »Hase und Igel«, hatte die DDR ungefähr einen Produktivitätsanteil zur

Bundesrepublik von dreißig, fünfunddreißig Prozent. Als der Wettlauf aufhörte, hatten wir einen von fünfundfünfzig Prozent. Nun muss man natürlich sagen, rund fünfzig Prozent Anteil bedeutet auch fünfzig Prozent Rückstand, das ist ganz schön viel. Und natürlich ist es die Antwort darauf, warum wir in der DDR nicht so viel verteilen konnten wie die BRD.

Aber trotzdem ist zu verzeichnen, dass die DDR aufgeholt hat – trotz dieser schlimmen Bedingungen, unter denen wir arbeiten mussten: Reparationsleistungen, offene Grenze, Embargo, Währungsspekulationen und zum Schluss dann noch der Diebstahl des Volkseigentums 1989/90.

Über die Produktivität gäbe es mehr zu sagen. Ich äußere noch ein paar Gedanken grundsätzlicher Art dazu. Mit Bezug auf das Entwicklungstempo in der Produktivität wurde oft die Frage gestellt: Wo standen wir denn international? Darüber gibt es auch belegbare Antworten: Wir standen unter den bedeutenden Industriestaaten an vierzehnter Stelle mit einem Produktivitätsniveau, was ich beziffern kann auf – umgerechnet auf heutige Währung – von ungefähr 12.500 Euro pro Kopf der Bevölkerung. Ich habe mich nicht verschrieben, ich messe Produktivität pro Kopf der Bevölkerung, nicht pro Kopf Erwerbstätiger. Kapitalistische Länder steigern die Arbeitsproduktivität je Erwerbstätigen ins Unermessliche, vorrangig dadurch, dass sie sich immer mehr Erwerbstätiger als »unnützen Ballast« entledigen. Das kann kein sozialistischer Weg sein. Deshalb sollten wir gesellschaftliche Arbeitsproduktivität daran messen, wie viel der »Durchschnittsbürger« eines Landes produziert. Nach dieser Messlatte gruppierten sich 1989 um uns herum solche Länder wie Großbritannien oder Irland. Hinter uns, weit hinter uns: Griechenland, Spanien, Portugal und ähnliche. Ich will die Polemik nicht zu weit treiben, nur ich habe noch nirgendwo gelesen oder gehört, dass Großbritannien ein Wirtschaftssystem hatte, das völlig unproduktiv, bankrott, marode war. Aber die DDR war es?

Zweiter Faktor. Meine Aussage lautet: »Die DDR war zum Zeitpunkt ihres Endes nicht nur *nicht* pleite, sie hatte überhaupt keine Auslandsschulden.« Warum? Die DDR hatte im nichtsozialistischen Ausland (NSW) Schulden von rund zwanzig Milliarden Valutamark und sie hatte im Sozialistischen Wirtschaftsgebiet (SW) umgerechnet auf gleiche Währungseinheiten ein Plus von 23 Milliarden. Nun weiß jeder der Wirtschaftspraktiker, dass man SW nicht mit NSW in »einen Topf schmeißen« kann. Das will ich auch gar nicht. Ich will jedoch verlautbaren, dass die Leistungsfähigkeit der DDR-Wirtschaft summa summarum auch in diesem Punkt zum respektablen Ergebnis einer ausgeglichenen Zahlungsbilanz geführt hat. Jetzt könnten die »Experten« einwenden – und politische Gegner wie auch »Freunde« tun das ausgiebig: »Hör doch mal auf! Der Schürer hat doch aufgeschrieben, wir hatten Schulden von 49 Milliarden Valutamark.« Da gebe ich zur Antwort: »Ja, doch was ›der Schürer‹ aufgeschrieben hat, ist falsch! Das hat inzwischen nicht irgendjemand, sondern die *Deutsche Bundesbank* akribisch nachgerechnet und in ihrem Dokument *Die Zahlungsbilanz der ehemaligen DDR 1975 bis 1989* der Öffentlichkeit zugänglich gemacht.« Warum es bei »Herrn Schürer« falsch ist, ist ein anderer Punkt: Weil der »Herr Schürer« nämlich nur den Saldo des Staatsplanes aufgeschrieben hat und das, was auf anderen Konten, insbesondere des Bereiches *Kommerzielle Koordinierung (Koko)*, war, nicht einbezogen hat.

Zum Stand der DDR-Wirtschaft in der Staatsverschuldung

Als die DDR aufhörte zu existieren, hatte sie eine Staatsverschuldung pro Kopf – jetzt nehme ich die Aussage von Herrn Waigel im *Deutschen Bundestag* am 25. Mai 1990 als Zeugnis, denn mir glaubt wahrscheinlich sowieso keiner – von dreizehn Prozent des Bruttoinlandsprodukts. Dreizehn Prozent

– das waren umgerechnet 5.800 Euro pro Kopf der Bevölkerung. Wo stehen wir heute in der BRD? 83 Prozent – ca. 25.000 Euro pro Kopf! Wo stehen die USA und Japan? Nicht mehr ausrechenbar! Die DDR hatte so eine geringe Staatsverschuldung, denn wo sollte sie eigentlich die Quellen erschließen, um an das Geld heranzukommen? Wir müssten als DDR-Ökonomen doch wohl »einen Vogel« gehabt haben, wenn wir uns bei IWF und *Weltbank* oder dem »internationalen Kapital« verschuldet hätten. Diese Institutionen hätten uns brutal ihre Wirtschaftsphilosophie und -praxis des radikalen Sozialabbaus aufgedrückt, wie sie das heute ohne Rücksicht mit den Menschen in Griechenland, Spanien, Portugal und anderen »Schuldnerländern« tun. Dass mit dem Anschluss an die BRD großen Teilen der Bevölkerung der DDR gerade diese Lasten – Arbeitslosigkeit und Schulden – auch aufgedrückt wurden, steht auf einem anderen Blatt. Das ist kurz gesagt, ganz kurz gesagt, die Abschlussbilanz der DDR, zu der es noch viel mehr zu sagen gäbe. Ich habe das ausführlich und nachprüfbar in den Büchern *Die Schulden des Westens* und *Der Osten hängt am Tropf* dokumentiert.

Wie und was sollten wir lernen?

Welche Schlussfolgerungen können wir aus dem trotz allem gescheiterten sozialistischen Weg auf deutschem Boden ziehen?

Zunächst: Ich spreche mich vehement dagegen aus, dass aus dem sozialistischen Weg in der DDR keine Schlussfolgerungen zu ziehen wären, da er ja eben gescheitert ist. Ich spitze gern zu, provoziere. Das tue ich jetzt auch, denn dadurch kommt man der Wahrheit näher, indem die Menschen zum Denken angeregt werden. Wenn wir aus der Wirtschaft der DDR Konsequenzen ziehen wollen und diese mit kapitalistischen Maßstäben beurteilen, dann werden wir nicht weit kommen. Erfahrungen aus der DDR-Wirtschaft können nicht auf eine kapitalistische Gesellschaftsordnung »aufgepflanzt« werden. Konklusionen ziehen, heißt, Grundfragen beantworten, welche Lehren ein überreifes neues sozialistisches Wirtschaftssystem beachten sollte. Also im Klartext: Wenn wir als Schlussfolgerungen für eine neue sozialistische Ordnung weiter davon ausgehen, dass die Arbeitsproduktivität das Aller-, Allerwichtigste ist und dass das kommunistische Ziel – jeder soll nach seinen Bedürfnissen leben – weiter unsere Handlungsmaxime sein soll, werden wir nicht weit kommen. Und wenn wir das, was der Kapitalismus mit seinen Methoden, seiner überbordenden Konsumgesellschaft, macht, nun auch in einen neuen Sozialismus überführen wollten, brauchten wir nicht mehr beginnen, neu anfangen. Ich meine, wir benötigen als Schlussfolgerung für künftige sozialistische Entwicklungen einen neuen gedanklichen Ansatz und der kann nicht heißen: »Wir konkurrieren mit dem Kapitalismus auf seinem ureigensten Feld, wo er nämlich gar nicht schlagbar ist.« Wie will denn ein sozialistisches Land mit sozialistischen Methoden – die heißen: Wohlstand für alle Menschen und Solidarität nicht nur im Land, sondern auch außerhalb – mit einem kapitalistischen System oder Staat konkurrieren, der auf brutalste Weise Bevölkerung und Umwelt international ausbeutet? Das kann nicht funktionieren.

Wir brauchen also neue Denkmodelle und Ansätze: Was ist denn eine sozialistische Gesellschaftsordnung? Und um anzudeuten, wo ich hin will: Das kann eben nicht alleine die Effektivität und die Produktivität sowie der Gewinn und die Höhe des Konsums etc. sein, sondern die typisch sozialistischen Merkmale. Ich brauche sie jetzt nicht alle hier aufzuführen – wie Frieden, soziale Sicherheit, Arbeit, Umweltschonung... Diese müssen zum Kernpunkt werden. Und es nützt uns auch überhaupt nichts, wenn in einem stillen Kämmerlein hochwissenschaftlich irgendwie wieder neue sozialistische Modelle entwickelt werden. Wir müssen ein Sozialismus-Bild haben, mit dem wir die Menschen mitnehmen.

Auf der Tagung stand die Frage im Raum: »Warum ist es denn trotzdem schief gegangen?« Man kann mir auch vorwerfen: »Bis jetzt ist alles gut und schön dargestellt, aber geklappt hat es trotzdem nicht.« Meine Antwort: »Es ist vorrangig deshalb schief gegangen, weil wir die Menschen nicht mehr erreicht haben.« Warum war es nicht möglich – jetzt bin ich auch bei der »Wende« –, den Menschen klaren Wein einzuschenken und zu sagen, was kann die DDR und was kann sie nicht? Aber das haben wir nicht gemacht! Alles ist schöngefärbt und vertuscht worden. Die Menschen, »das Volk«, wurden nicht ernst genommen. Also, wenn wir doch einmal »gewinnen« wollen, müssen wir von vornherein die Menschen einbeziehen und ich wage heute zu sagen, auch die Menschen, die 1989 auf den Straßen waren. Wenn man denen sagt: »Also, liebe Freunde, den Konsum des Kapitalismus, den können und den wollen wir euch gar nicht bieten, drei Autos, vier Fernseher, jedes Jahr ein neues iPad oder iPhone... Aber wir wollen euch *das* bieten: Arbeit, Frieden, soziale Sicherheit.« Ich weiß nicht, ob wir da nicht eine große Zahl von Leuten dafür hätten gewinnen können.

Zu einer letzten Frage, die eigentlich die erste sein müsste: Welche Schlussfolgerungen ziehen wir aus dem Volkseigentum der DDR? »Moderne«, angeblich sozialistische Gesellschaftsmodelle gehen davon aus, dass die Eigentumsfrage überhaupt nicht gestellt werden bräuchte. Durch Reformismus, Transformation oder »Computersozialismus« erübrige sich dieses Thema. Die bessere Gesellschaft könne auch dadurch erreicht werden, dass nicht das Eigentum vergesellschaftet wird, sondern »nur« das Volk darüber besser basisdemokratisch verfügen müsse. Wenn die Verfechter dieser Auffassungen es überhaupt ernst meinen mit einer sozialistischen Alternative, so befinden sie sich mit diesen Ansichten mit Sicherheit auf dem

Holzweg. Die Jahrhunderte während Geschichte lehrt (da muss man noch nicht einmal Marxist sein und das *Kommunistische Manifest* zitieren): Nur wer Eigentum besitzt, kann auch darüber verfügen. Vorstellungen, ohne die Eigentumsordnung grundlegend zu ändern, durch allumfassende demokratische Teilhabe zu einer sozial gerechten Gesellschaft zu kommen, sind »Träume am Kamin«. Das Eigentum an den entscheidenden Produktionsmitteln – um diese geht es – ist zu vergesellschaften. Nur auf dieser Basis kann »Gemeinwohl« wirklich gesamtgesellschaftlich gestaltet werden. Über das »Wie« lässt sich trefflich und hoffentlich konstruktiv streiten.

Für mich sind diese beiden Gedanken – Wiederherstellung des gesellschaftlichen Eigentums und ein neuer Denk- und Handlungsansatz über die gesellschaftlichen Ziele des Sozialismus – wesentliche Schlussfolgerungen aus 40 Jahren Wirtschafts- und Gesellschaftspraxis in der DDR. Eine konstruktive und vorwärts weisende Diskussion darüber ist fast fünfundzwanzig Jahre »danach« überfällig. Wenn dieses Forum einen Beitrag dazu erbringt, leistet es wertvolle Arbeit.

Nachwort

Jörg Roesler

Mancher Leser mag diesen Spruch schon gehört haben: »Der Zeitzeuge ist der Hauptfeind des Historikers«. Wie die meisten »Lebensweisheiten« dieser Art, ist die Aussage überspitzt formuliert. Und doch würde man sie nicht immer wieder mal hören, wenn nicht etwas an ihr »dran« wäre.

Aber mal ganz abgesehen vom Wahrheitsgehalt dieses Spruches im Allgemeinen, stellt sich die Frage: Trifft der behauptete Gegensatz auch auf die Erinnerungen der Generaldirektoren der DDR-Kombinate und die Erkenntnisse, die sich Historiker anhand archivalischer Quellen über die Wirtschaft der DDR erarbeitet haben, zu?

Die Wirtschaftslenker der Kombinate, die sich am 21. September 2012 in den Firmenräumen von *Rohnstock Biografien* gemeinsam mit Wissenschaftlern und Journalisten zu einer Tagung zusammenfanden und vortrugen sowie diskutierten, was in diesem Band seinen Niederschlag gefunden hat, sind Zeitzeugen, gewiss, aber sie sind es nicht nur: Die Wirtschaftsakteure von einst erinnern sich nicht einfach an ihre frühere Berufstätigkeit. Keiner der Direktoren, der auf der Tagung erschien, um seinen einen Diskussionsbeitrag zu leisten, tat dies ohne seine Erinnerungen selbst sorgfältig überprüft zu haben. Keiner trat ohne vorheriges Studium der ihm verbliebenen Unterlagen beziehungsweise der ihm zugänglichen Akten des Unternehmens, das er einst leitete, vor das sachkundige Publikum. Die Generaldirektoren haben sich auch, bevor sie referierten, mit ihren ehemaligen Mitarbeitern, von denen einige während der Veranstaltung unter den Zuhörern saßen, ausgetauscht. Die gleiche Sorgfalt, mit der sie einst ihre

Entscheidungen in der Kombinatsleitung vorbereiteten, haben sie auch beim Verfassen ihrer Manuskripte verwendet. Es handelt sich also nicht um bloße Erinnerungen, sondern um Erfahrungsberichte, das heißt, um (ab-)gesichertes Wissen.

Die Generaldirektoren sind bei der Erarbeitung ihrer Ausführungen vorgegangen wie Historiker. Sie sind Amateurhistoriker gewiss, aber das soll keine Einschränkung sein. Die Wirtschaftslenker können in ihren Einschätzungen der historischen Wahrheit genau so nahe kommen, ihr unter Umständen durchaus auch näher sein als die Berufshistoriker. Das gilt auch – vielleicht sogar besonders – für die Beantwortung der Frage, der die von *Rohnstock Biografien* und dem Verein zur Förderung lebensgeschichtlichen Erinnerns und biografischen Erzählens initiierte Tagung gewidmet war: »Was aus der DDR-Wirtschaft gelernt werden kann«. Ein derartiges Herangehen schließt ein, dass sie im Ergebnis ihrer Erkenntnisse problembezogen teilweise zu anderen Wertungen kommen können als der »gelernte« Wirtschaftshistoriker.

Der wird daran kaum etwas auszusetzen haben. Vielmehr wird er – angesichts der überwiegend unbefriedigenden Archivlage im Bereich der ehemaligen VEB – die von den Generaldirektoren dem Vergessen entrissenen Geschehnisse und ihre daraus abgeleiteten Wertungen mit Gewinn zur Kenntnis nehmen.

Wenn dem so ist, wo liegen dann konkret die Unterschiede in der Betrachtung der Entwicklung der DDR-Wirtschaft zwischen einstigen Wirtschaftslenkern und Wirtschaftshistorikern, wenn man einmal vom Umfang des behandelten Ausschnitts aus der DDR-Wirtschaft – Betrieb, Kombinat beziehungsweise Industriezweig auf der einen und Gesamtindustrie respektive Volkswirtschaft auf der anderen Seite – absieht?

Die Generaldirektoren haben natürlich vor allem, wenn sie ihre Erinnerungen niederschreiben, »ihr« Kombinat oder einen bestimmten Industriezweig im Blick – selbstverständlich auch das Zusammenspiel mit Nachbarzweigen, mit denen das Kombinat arbeitsteilig eng verbunden war. Die Rationalität auch der »weiter oben« gefällten Entscheidungen wird von ihnen gewiss in erster Linie aus dieser Sicht beurteilt. Der Wirtschaftshistoriker hat dagegen die Entwicklung der Zweige und die Leistungen der Kombinate in erster Linie mit Blick auf die gesamte Volkswirtschaft zu analysieren, ohne deren Funktionstüchtigkeit auch die Entwicklung im einzelnen Zweig beziehungsweise Unternehmen gefährdet gewesen wäre.

Dadurch kann es erstens zu unterschiedlichen – wenn auch nicht unbedingt gegensätzlichen – Wertungen konkreter Entwicklungen in der DDR-Wirtschaft durch die Historiker und die »Wirtschaftskapitäne« kommen.

Ein zweiter Unterschied in dem, was Generaldirektoren als Amateurhistoriker und was professionelle Wirtschaftshistoriker bei der Erforschung der DDR-Wirtschaft zu leisten in der Lage sind, besteht in den behandelten Problemkreisen der wirtschaftlichen Entwicklung. Dem sich auf die Auswertung von Beschlüssen, Protokollen und Berichten stützenden Wirtschaftshistoriker entgehen zwangsläufig eine Reihe von Geschehnissen und Problemlagen, die – da ausgehandelt, bevor es zu Beschlüssen kam – ganz selten in schriftlicher Form ihren Niederschlag gefunden haben. Neben der wichtigen Vorgeschichte der dann gefällten Entscheidungen gehören dazu weiterhin Fragen nach dem Betrieb als soziale Einheit, auf die Arbeitsmotivation von Betriebsleitern und Betriebsbelegschaften sowie auf Fragen des gegebenen Gestaltungsspielraums für den Wirtschaftslenker an der Spitze des Kombinats und seiner Führungsmannschaft.

Auf beide Arten von Differenzen in der Betrachtungsweise durch »schreibende Generaldirektoren« und professionelle Wirtschaftshistoriker, die bereits beim fulminanten Auftakt des Projekts im September 2012 eine wesentliche Rolle spiel-

ten, sei im Folgenden anhand einiger Beispiele näher eingegangen.

Beginnen wir mit den Unterschieden in der Wertung der
Rolle der einzelnen Kombinate oder auch Industriezweige innerhalb der Volkswirtschaft der DDR. Die Leitung des
Kombinats verlangte von der Führungsmannschaft größte
Aufmerksamkeit und äußerste Anstrengungen, egal welches
dessen charakteristische Produktionsstruktur war beziehungsweise welchem Industriezweig die Wirtschaftseinheit angehört
hat. Von den Anforderungen her waren die Aufgabenstellun-
gen insofern alle gleich, als sie den »ganzen Mann« forderten.
Keiner der Wirtschaftslenker wird deshalb von sich sagen,
dass er nur ein Unternehmen von untergeordneter Bedeutung
geleitet hat.

Aus der Sicht des Wirtschaftshistorikers ist eine Unterteilung
in Unternehmen beziehungsweise Industriezweige von großer
respektive geringerer Wichtigkeit jedoch nicht zu vermeiden.
Denn aus der Sicht der Zentrale, abgeleitet aus der Aufgabe,
eine Volkswirtschaft zu leiten, waren nicht alle Industriezweige
gleich. Es gab immer Bereiche, denen die SED-Führung und
die wirtschaftsleitenden Institutionen in der DDR, die *Staatliche Plankommission* (SPK) oder der *Volkswirtschaftsrat (VWR)*
beziehungsweise die Industrieministerien, besondere Aufmerksamkeit widmen mussten. Welche konkreten Zweige das
waren, hing von der ökonomischen Strategie der SED-Führung ab. Und die änderte sich im Laufe der DDR-Geschichte
wiederholt.

Die Bedeutung von Betrieben und Industriezweigen für die
Volkswirtschaft leitete sich aus der jeweiligen ökonomischen
Hauptaufgabe ab. Ihren Niederschlag fand diese in der Regel
in den Perspektivplänen, im geltenden Fünf- beziehungsweise
Siebenjahresplan. Es bedeutete – aus der Sicht des Wirtschaftshistorikers – schon einen großen Unterschied im Gestaltungsspielraum für den Kombinatsdirektor, ob er ein Unternehmen

im jeweiligen Schwerpunktbereich zu leiten hatte oder ob der Betrieb zu den »übrigen Bereichen« der Volkswirtschaft gehörte, das heißt, zu einem – so die abgrenzende Benennung durch die Wirtschaftshistoriker – »Nichtschwerpunktzweig«. Ein Schwerpunktunternehmen behielt mehr von den von ihm erwirtschafteten Mitteln, bekam für seine Investitionstätigkeit in der Regel noch aus den zentralen Fonds beträchtliche Summen hinzu, betrieb erweiterte Reproduktion. Der Gestaltungsspielraum für den Wirtschaftslenker war einfach ein anderer als im Falle eines Unternehmens im »Nichtschwerpunktzweig«, das in der Regel den größten Teil, manchmal seinen gesamten Gewinn an die Zentrale abzuliefern hatte und bei dem sich der Gestaltungsraum auf die geschickte Nutzung der ihm für die einfache Reproduktion verbleibenden Mittel beschränkte.

Der Wirtschaftshistoriker hat dies bei Beurteilung der Leistungen der Kombinatslenker zu berücksichtigen. Auch der Kombinatsdirektor wird sich dieser Tatsache, spätestens wenn er über die Auseinandersetzungen um die Höhe der seinem Kombinat angesichts der Planaufgaben zuzusprechenden materiellen und finanziellen Mittel schreibt, wieder bewusst geworden sein. Für den jeweiligen Wirtschaftslenker zeitnah erlebbar wurde der Unterschied in der volkswirtschaftlichen Einordnung seines Unternehmens, wenn sich die wirtschaftspolitischen Prioritäten der Zentrale und damit auch die Stellung des Industriezweiges, dem »sein« Kombinat zugehörte, änderten, wenn es – unter Umständen abrupt – zu einem für seinen Industriezweig relevanten Strategiewechsel in der Volkswirtschaft der DDR kam.

Derartige Strategiewechsel – bezogen auf die jeweils zu fördernden Industriezweige – gab es relativ häufig. Am Anfang der planmäßigen Entwicklung der DDR-Wirtschaft zu Beginn der 1950er Jahre stand die bevorzugte Behandlung der Unternehmen der Schwerindustrie, von Werken, die Eisen und

Stahl herstellten, Kohle und Energie erzeugten. In der zweiten Hälfte der Fünfziger- und der ersten der Sechzigerjahre befand sich die chemische Industrie im Mittelpunkt des Interesses der Zentrale (»Chemieprogramm«). In der zweiten Hälfte der Sechzigerjahre waren es die »Fortschrittszweige« Elektrotechnik, Elektronik und Gerätebau, in den 1970er Jahren wiederum Kohle und Energie. Ein Jahrzehnt später war der eindeutige Schwerpunktzweig die Mikroelektronik – auch wenn deren Förderung letzten Endes ein Misserfolg war. Ebenfalls besondere Aufmerksamkeit widmete die Wirtschaftszentrale während der Achtzigerjahre denjenigen Zweigen, deren Erzeugnisse sich in größerem Maßstabe für devisenträchtige Exporte in den Westen beziehungsweise für Kooperationen mit Firmen aus der Bundesrepublik eigneten. Überwiegend handelte es sich um die Chemieindustrie und in diesem Bereich vor allem um die Erdölverarbeitung. Hinzu kamen einzelne Konsumgüterproduzenten im Bereich der Gestattungsproduktion.

Die jeweiligen Schwerpunktzweige prägten die Entwicklung der DDR-Industrie und Wirtschaft zu ihrer Zeit entscheidend mit. Sie haben die besondere Aufmerksamkeit und das besondere Interesse der Wirtschaftshistoriker, die sich mit der DDR beschäftigten, gefunden.[2] Dabei blieb unterbelichtet und häufig auch unterbewertet, dass auch in den »Nichtschwerpunktzweigen« genauso um die Verwirklichung des Planes gekämpft wurde, Leiter und Belegschaften genauso viel Hirn, Muskeln und Nerven aufwenden mussten, um die vorgegebenen Produktionsziele zu erreichen wie Unternehmen in den Schwerpunktzweigen.

Aus heutiger Sicht, bei Überlegungen, was aus der DDR-Geschichte gelernt werden kann, wie die Alternative zum offensichtlich immer weniger als Steuerungssystem für eine erfolgreiche Wirtschaftsentwicklung geeigneten Neoliberalismus aussehen sollte, sind für die Mehrzahl nachdenklicher

Wirtschaftswissenschaftler beim Blick zurück auf die DDR zwei Bereiche von besonderem Interesse: Erstens handelt es sich um die Außenwirtschaftsbeziehungen. Sie reichten vom »bloßen« Austausch von Fertigwaren gegen Rohstoffe sowie Halbprodukte vor allem mit der Sowjetunion und den übrigen osteuropäischen RGW-Ländern über den Gewinn beziehungsweise auch Verlust machenden Westhandel bis zur unmittelbaren Kooperation bei der Herstellung und dem Vertrieb von Maschinenbauerzeugnissen mit Firmen der Bundesrepublik. Besonders letztere geben Auskunft über die Bestrebungen der Kombinate, technische und technologische Verbesserungen der Produktion zu erreichen, die sich beim Export auch auszahlten. Bei der Kooperation trafen planwirtschaftlich und marktwirtschaftlich geführte Unternehmen aufeinander, mussten lernen, miteinander auszukommen. Darüber wird in diesem Band erfreulich ausführlich berichtet.

Der zweite – aus der Sicht darauf, was heute aus der DDR-Wirtschaft gelernt werden kann – besonders interessante Bereich ist das Zusammenspiel von zentraler Lenkung und eigenverantwortlicher Erwirtschaftung der Mittel und die daraus resultierende leistungsabhängige Verwendung der Gewinne.[3] Diese Kombination ist in der DDR unter dem Begriff »Eigenerwirtschaftung der Mittel« zweimal – Ende der Sechziger- und Ende der Achtzigerjahre – erprobt worden. Die Erfahrungen, die positiven wie die negativen, vor allem der Jahre 1968 bis 1970 verdienen deshalb besondere Aufmerksamkeit.[4] Mit dem Bericht, wie das Kombinat *GISAG* »vom Konkurs in die Gewinnzone« kam, ist in diesem Buch nicht nur ein wirtschaftshistorisch, sondern auch ein wirtschaftsstrategisch bedeutsamer Beitrag für die Planung künftiger Strukturen der Wirtschaftslenkung geleistet worden.

Die zeitweilig größere Konzentration der zentralen Wirtschaftsführung auf die »Eigenerwirtschaftung der Mittel« heißt jedoch nicht – und das ist bei der Einteilung der DDR-Wirtschaftslenkung in administrativ-zentralistische Phasen und in stärker dezentral und durch ökonomische Anreize gestaltete Perioden seitens der Wirtschaftshistoriker manchmal übersehen worden –, dass auch vor und nach den Sechzigerjahren innerhalb der DDR-Wirtschaft Wert auf Rentabilität, auf Gewinnerwirtschaftung, gelegt wurde. Der verbreiteten pauschalisierten Auffassung, die Beachtung des Wertgesetzes habe es nur in der Reformperiode der 1960er Jahre gegeben, ist in den anregenden Diskussionen bei den von *Rohnstock Biografien* initiierten Erzählsalons, die seit dem September 2012 regelmäßig stattfinden, seitens der Generaldirektoren leidenschaftlich widersprochen worden. Die DDR-Wirtschaftslenker wiesen auf die seit Beginn der 1950er Jahre intensiven Bemühungen zur Erreichung von Rentabilitätszielen hin. Sie hatten völlig recht, denn bereits 1952 – drei Jahre nachdem die Betriebe als Basis-Produktionseinheiten vom Planungsministerium beziehungsweise der SPK verbindliche Produktionsplanziele erhalten hatten – wurde auch der Finanzplan der volkseigenen Betriebe Bestandteil der volkswirtschaftlichen Gesamtplanung.[5] Bereits im Jahr zuvor hatte der Hauptbuchhalter Gerhard Opitz ein Beispiel dafür gegeben, wie eine bessere Betriebsabrechnung organisiert werden sollte. Seine Vorschläge fanden als »Opitz-Losinski-Methode« innerhalb weniger Monate in 24 Schwerpunktbetrieben des Maschinenbaus und in weiteren vierzig VEB Anwendung.[6] Schon seit Beginn der Fünfzigerjahre wurde also mit der in den ersten Nachkriegsjahren ausgeprägten Vernachlässigung der »kaufmännischen Seite« der Produktion Schluss gemacht.

Mit der »Einführung der wirtschaftlichen Rechnungsführung« vollzog sich ein qualitativer Sprung in der Planung. Deren vollständige Durchsetzung zog sich allerdings noch über einige Jahre hin. Endgültig mit dem Planjahr 1955 wurden energische Maßnahmen ergriffen, um die Zahl der »Verlustbetriebe« entschieden zu reduzieren. 1954 hatten noch siebenhundert zentralgeleitete VEB (27 Prozent aller Unternehmen) mit Verlust gearbeitet, meist entgegen den Planvorgaben. Auf »ökonomischen Konferenzen« beziehungsweise in »Rentabilitätsberatungen« verpflichteten sich nunmehr Unternehmensleitungen und Belegschaften, eingetretene Verluste aufzuholen respektive ihre Abführungen an den Staatshaushaltsplan zu überbieten. 1955 konnten die zentralgeleiteten VEB ihr Betriebsergebnis gegenüber dem Vorjahr um fast vierzig Prozent erhöhen. Die Zahl der Verlustbetriebe sank um 336, von 27 Prozent auf knapp 18 Prozent.[7] Wenn es auch nach Ablauf der Kampagne in den folgenden Jahren nicht weiter so rasch vorwärts ging, so war die Rentabilitätsentwicklung seitdem nicht mehr von Planvorgaben und Planerfüllung wegzudenken.

Die spezifische Bedeutung, die nach Auffassung der Wirtschaftshistoriker die finanziellen Pläne der Betriebe, *Vereinigungen Volkseigener Betriebe (VVB)* beziehungsweise der Kombinate in den 1960er Jahren mit der Proklamierung der »Eigenerwirtschaftung der Mittel« gewann, lässt sich ungeachtet dessen nicht wegdiskutieren. In den 1950er Jahren war die Rentabilität aller Betriebe ein wichtiges Ziel, weil durch die vollständige oder fast vollständige Abführung der Gewinne der Unternehmen der »Nichtschwerpunktzweige« die Mittel für Investitionen in den Schwerpunktbetrieben erhöht werden konnten. Die zentrale »Kontrolle durch die Mark« legte Nachdruck auf die Einhaltung der Gewinnziele aller VEB. Sie bezweckte damit allerdings in erster Linie den Umfang der zentral verfügbaren Akkumulationsmittel zu steigern, um mehr Investitionen in den Schwerpunktbereichen leisten zu können. Es gab demnach in den Fünfziger- und frühen Sechzigerjahren keinen unmittelbaren Zusammenhang zwischen dem im Betrieb erwirtschafteten Gewinn und den von ihm verbrauchten Investitionsmitteln.

In der Periode der »Eigenerwirtschaftung der Mittel« während der 1960er Jahre wurde dagegen dieser Zusammenhang hergestellt: Je höher der erwirtschaftete betriebliche Gewinn war, desto eher und mehr Investitionsmittel konnte der Betrieb auch zur Vervollkommnung respektive Erweiterung seiner Produktion einsetzen. Das war schon ein qualitativer Unterschied, den die seriöse Wirtschaftsgeschichtsschreibung über die DDR zu Recht herausgestellt hat.[8]

Zu einer wirklichkeitsgetreuen Darstellung des Zusammenhangs von Produktionsgestaltung und Investitionsfinanzierung in der DDR-Wirtschaft gehören beide Momente, die Fähigkeit der zentralen Wirtschaftslenker, die im Ergebnis betrieblicher Rentabilität gewonnenen Mittel aus der gesamten Volkswirtschaft auf wenige Bereiche konzentrieren zu können, wie auch die Orientierung der Kombinate auf die »Eigenerwirtschaftung der Mittel«. Diese beiden Charakteristika der DDR-Wirtschaftsführung konnten erstmals bereits bei Diskussionen auf der Tagung vom September 2012 zwischen Wirtschaftslenkern und dem Wirtschaftshistoriker zusammengebracht werden. Es handelte sich in diesem Falle – wie ich meine – um ein überzeugendes Beispiel für die Nützlichkeit der Zusammenführung von getrennt erarbeiteten Erkenntnissen von einstigen DDR-Managern einerseits und von Wirtschaftshistorikern andererseits.

Neben den beiden geschilderten Beispielen, in denen erst durch das Zusammenführen von Sichten aus dem Unternehmen und aus der volkswirtschaftlichen Ebene ein vollständiges Bild der komplexen Entwicklung ermöglicht wurde, die die DDR-Wirtschaft in vier Jahrzehnten durchlaufen hat, gibt es Felder von Aktivitäten in der Wirtschaftstätigkeit, die sich angesichts der vor allem auf der Analyse schriftlichen Materials beruhenden Sichtweise der Wirtschaftshistoriker von ihnen nur unzureichend erfassen und damit auch beschreiben lassen. Dabei handelt es sich durchaus um für die Einschätzung der DDR-Wirtschaft wichtige Themenbereiche. Das trifft zum Beispiel auf das Thema »Betrieb als soziale Einheit« zu, auf die Frage nach dem Verhältnis der Belegschaften zum Betrieb und auf die Frage, ob das Volkseigentum von den Produzenten auch als das ihre betrachtet wurde oder aber die ursprünglich von Karl Marx bei der Analyse der Lohnformen für den Kapitalismus konstatierte Entfremdung des Produzenten von seinen Produktionsmitteln auch nach der Überführung der ostdeutschen Produktionsstätten in Staatseigentum erhalten blieb.[9] Wenn Kombinats- und Betriebsleiter auf der Tagung, sobald es um die Arbeitskultur ging, feststellten: »Die Leute sagten zwar nicht ›mein Eigentum‹, wohl aber ›mein Betrieb‹«; wenn sie berichteten: »Die Menschen haben sich gefreut, wenn die von ihnen hergestellten Erzeugnisse auf dem Weltmarkt besser waren als die vergleichbarer westdeutscher Unternehmen«; wenn die einstigen »Wirtschaftskapitäne« betonten: »Die Leute kamen doch nicht (nur) wegen des Geldes in den Betrieb«, dann sind das weit fruchtbarere Ansätze für die weitere Forschung über Eigentum und Motivation als eine formelle Diskussion über den Charakter des Volkseigentums in der DDR, von mittelbarer und unmittelbarer Verfügungsgewalt der Produzenten über das Eigentum.

Zu den immer wieder Fragen aufwerfenden Themen, die die Funktionsweise der sozialistischen Wirtschaft in der DDR betreffen, gehören auch die Probleme der gleichzeitigen (An-) Leitung der Unternehmen durch die SPK beziehungsweise die Industrieministerien, das heißt, durch die für die Kombinate zuständigen »staatlichen Organe« einerseits und durch die Wirtschaftslenkungsinstitutionen der SED anderseits. Vonseiten der Einheitspartei waren in der Regel entsprechend dem Territorialprinzip die Kreis- beziehungsweise Bezirksleitungen der SED für das Unternehmen zuständig. Schriftliche Quellen, die über Anweisungen der übergeordneten »staatlichen Leiter« oder »Forderungen der Partei« an die Generaldirektion der Kombinate Auskunft geben, gibt es zwar in den jeweiligen Archiven (Bundesarchiv Berlin, Abteilung DDR, beziehungsweise Stiftung Archiv der Parteien und Organisationen der DDR) genügend, aber wie diese von den Kombinatslenkern zusammengeführt, in den Plänen der Betriebe verankert und wie sie weiter zu Weisungen an die Belegschaften verarbeitet wurden, lässt sich auf Grundlage archivalischer Quellen kaum rekonstruieren. Der Hinweis eines der dazu in der Diskussion auf der Tagung befragten Generaldirektors, dass die SED-Kreisleitung der Kombinatsleitung »schon auf die Finger geguckt« habe (wie das selbstverständlich auch die Plankommission und die Industrieministerien taten) und dass die Kreisleitung dabei ungefähr die Rolle gespielt habe, die »im Westen der Aufsichtsrat hat«, könnten ein willkommener Ansatz zu tiefer gehenden Erkundungen über das in der gegenwärtig publizierten DDR-Wirtschaftsliteratur meist nur als ökonomisch sinnlose kostenaufwendige Doppelstruktur charakterisierte Verhältnis von (An-)Leitung und Kontrolle der Kombinate durch Institutionen der Regierung und der SED sein.

Welchen Spielraum hatte angesichts mehrerer paralleler Kontrollinstitutionen – zumindest für die Kombinate kamen in den 1980er Jahren noch »Objektdienststellen« des *Ministeriums für Staatssicherheit (MfS)* hinzu – ein Generaldirektor? Von welchen persönlichen Motiven ließ er sich bei seiner verantwortungsvollen Berufstätigkeit leiten? Wie stand er zu jenen Planauflagen, die seinen Vorstellungen widersprachen? Auf diese Fragen, deren Beantwortung für die Beurteilung der Effektivität des ökonomischen Systems in der DDR von nicht zu unterschätzender Bedeutung sind, können nur die Kombinatsleiter von damals selbst antworten. Denn eine verlässliche Einschätzung lässt sich kaum in den Berichtsprotokollen der den Generaldirektor anleitenden oder kontrollierenden Regierungs- oder Parteiinstitutionen beziehungsweise in den

Berichten des MfS finden. In diesen konkreten Fällen sind die Historiker so gut wie vollständig auf Erinnerungen, Bekenntnisse und Erkenntnisse der damaligen Entscheidungsträger im Kombinat angewiesen.

Zeitzeugen und Historiker, um auf den einleitend zitierten Satz zurückzukommen, müssen einander nicht Feind sein. Vielmehr können sie Partner bei der Erforschung geschichtlicher Abläufe werden, wenn sie einander ergänzen. Sie können auch dort zu Partnern werden, wo sie einander (zunächst) widersprechen. Das zeigen bereits die wenigen aufgeführten Beispiele. Sie liefern Anregungen für die vertiefte Erforschung der Geschichte der DDR-Wirtschaft. Die dabei im mikrohistorischen Bereich – sprich in den Kombinaten und Betrieben – gewonnenen Erkenntnisse sind von außerordentlicher Bedeutung für die Beantwortung der Frage, was aus der DDR-Wirtschaft gelernt werden kann. Die Beiträge der »schreibenden Generaldirektoren und Wirtschaftsfunktionäre« in diesem Buch legen davon Zeugnis ab, welche Bedeutung der Erfahrungsschatz der DDR-Wirtschaftslenker hat – nicht nur für die Erkundung der Geschichte ihres Kombinats oder Industriezweigs, nicht nur für eine seriös betriebene DDR-Wirtschaftsgeschichte überhaupt, sondern auch für Überlegungen über Alternativen zum an seine Grenzen gestoßenen neoliberalen Wirtschaftssystem. Ein lobenswerter Anfang dieser Art Wissensvermittlung ist auf der Tagung vom 21. September 2012 mit diesem aus den Beiträgen zur Tagung entstandenen Band gemacht worden. Ihm sollten weitere folgen.

Anhang

Isolde Dietrich

DDR-Kombinatsdirektoren –
Eine Bestandsaufnahme

Alle schreiben Autobiografien – nur die einstige Elite der ostdeutschen Industrie nicht. Dabei erscheinen Lebensweg und Leistungen dieser Führungskräfte auch Jahrzehnte nach dem Ende der DDR in verschiedener Hinsicht einmalig und bemerkenswert. Sie haben Neuland betreten, dabei Wesentliches zum industriellen und kulturellen Erbe Deutschlands beigetragen. Viele ihrer Unternehmen waren Marktführer im *Rat für gegenseitige Wirtschaftshilfe (RGW)*, einem Wirtschaftsraum von dreihundert Millionen Menschen. (Zum Vergleich: Die Staaten der EU haben heute rund fünfhundert Millionen Einwohner.) Sie haben gute deutsche Industrietraditionen unter veränderten Bedingungen fortgesetzt und zu internationaler Anerkennung geführt. Und sie haben Betriebe bewusst als soziale und kulturelle Organismen gesteuert, dabei immer die Interessen der Belegschaften im Auge gehabt, weshalb ihnen nach 1989 mitunter vorgehalten wurde, eher zum Betriebsrat als zum Manager zu taugen.

Eine biografische Würdigung haben die wenigsten erfahren. Nicht einmal ihre Namen sind einer breiteren Öffentlichkeit bekannt. Die Forschungen zur Arbeits-, Wirtschafts-, Industrie- und Unternehmensgeschichte Deutschlands machen nach wie vor – von Ausnahmen abgesehen – einen Bogen um ostdeutsche Industriebetriebe und ihr leitendes Personal oder sie messen sie allein am vermeintlich erfolgreicheren westdeutschen Gegenstück. Die Industriekader der DDR selbst haben bislang wenig getan, diese Situation zu ändern. Vor allem haben sie ihre eigenen Erfahrungen nicht aufgeschrieben – ganz entgegen dem allgemeinen Trend, wo auch noch die letzten Domestiken der politisch Verantwortlichen ihre Beobachtungen aus der Kammerdienerperspektive zu Papier gebracht haben.

Schaut man auf den Büchermarkt, so sind seit 1990 mehr als 1.200 DDR-Autobiografien in Buchform erschienen. Dabei handelt es sich nur um die lieferbaren Titel. Nicht inbegriffen sind jene Lebenserinnerungen, die lediglich für den engeren Kreis der Familie, der Freunde und Weggefährten geschrieben wurden und gar nicht in den Handel kamen.

Nun stehen Autobiografien generell hoch im Kurs – nicht nur hierzulande. Nach Recherchen der *Neuen Zürcher Zeitung* ist nahezu jedes zweite kommerziell erfolgreiche Sachbuch in England, Deutschland und in der Schweiz eine Autobiografie beziehungsweise eine Biografie. Auf die Ursachen für diesen allgemeinen Boom soll hier nicht näher eingegangen werden. Sie hängen zusammen mit den Bedingungen moderner Subjektivität, die nach Selbstvergewisserung und Selbstdarstellung drängen. Für die Ostdeutschen dürfte ein weiterer Grund hinzukommen. Der gesellschaftliche Umbruch von 1989/90 war eine Zäsur, die zum Innehalten und Bilanzieren veranlasste.

Überblickt man die Autoren- und Titelliste der DDR-Autobiografien, so stehen der Häufigkeit nach an erster Stelle die Widerstands-, Opfer- und Leidensgeschichten – Berichte von Oppositionellen, politischen Häftlingen und politisch anderweitig Verfolgten, von Flüchtlingen und von aus der DDR Freigekauften, von Zwangsadoptierten und von in Jugendwerkhöfe Eingewiesenen. An zweiter Stelle folgen die Erinnerungen von Theologen und von Angehörigen verschiedener Glaubensgemeinschaften. Mit größerem Abstand wird die Reihe fortgesetzt von Künstlern, Schriftstellern, Offizieren der *Nationalen Volksarmee (NVA)* und dem *Ministerium für Staatssicherheit (MfS)*, Sportlern, Wissenschaftlern, Politikern, Journalisten, Soldaten, Seeleuten, Ausländern (die sich in der DDR aufhielten), Diplomaten und anderen. Relativ selten vertreten sind Ärzte, Lehrer, Juristen, Ingenieure, Handwerker und Bauern. Arbeiterautobiografien muss man mit der Lupe suchen – ein merkwürdiger Befund angesichts der Tatsache, dass es in der DDR rund vierhundert Zirkel schreibender Arbeiter gab. Was ebenfalls nahezu vollständig fehlt, sind eben die Lebenserinnerungen von DDR-Wirtschaftsführern.

Das absolute Übergewicht der Widerstands- und Opfergeschichten zeigt einmal, das verbreitete Bedürfnis, gravierende persönliche Erfahrungen zu verarbeiten. Vor allem aber widerspiegelt es die Verteilung der Fördergelder. Der Bundesbeauftragte für die Stasi-Unterlagen (BStU) und die jeweiligen Landesbehörden haben eigene Reihen initiiert, die jeweils Dokumente aus Stasibeständen mit autobiografischen Berichten verbinden. Als Herausgeber fungieren Experten aus der Abteilung Bildung und Forschung, die die Autoren in allen Belangen beraten und unterstützen. Auch die Bundesstiftung zur Aufarbeitung der SED-Diktatur fördert solche Publikationen. Dieses Vorgehen ist legitimiert durch das offizielle Geschichtsbild, das die DDR als Unrechtsstaat, als zweite deutsche Diktatur versteht. Insofern erfüllen diese Lebensgeschichten eine wichtige geschichtspolitische Funktion. Insbesondere sie sind es, die neben Schule und Medien die Erinnerung an die DDR an künftige Generationen weitergeben sollen.

Personengruppen, die nicht mit solch einer staatlichen Förderung rechnen konnten, fanden andere Geldgeber oder sie verfügten über genügend finanzielles sowie soziales und kulturelles Kapital, um ihre Autobiografie aus eigener Kraft herauszugeben. Wieder andere, vor allem solche von Rang, kamen ganz regulär bei Verlagen unter, weil allein ihre Namen und Positionen einen Verkaufserfolg sicherten.

Das politische, militärische, wissenschaftliche und künstlerische Führungspersonal der DDR hat sich nach 1990 zu Wort gemeldet, nicht aber die Wirtschaftselite. Es gibt nur wenige Ausnahmen. 2004 erschienen im kleinen Schkeuditzer GNN-Verlag zwei bemerkenswerte Publikationen. Es handelte sich um die beiden ersten – und bisher einzigen – Autobiografien von Generaldirektoren bekannter DDR-Kombinate. Heinz Schwarz (Jg. 1921), der von 1971 bis 1983 das *VEB Chemiekombinat Bitterfeld* leitete und mit Leuna »die ältesten Klamotten der DDR am Halse« hatte, nannte seine Lebensgeschichte *Prägungen aus acht Jahrzehnten*. Herbert Richter (Jg. 1933), der von 1970 bis 1990 das *Kohleveredelungskombinat Schwarze Pumpe* mit seinen erst in den 50er und 60er Jahren errichteten Anlagen führte, gab seinen autobiografischen Skizzen über ein »Leben für Kohle und Gas« den Titel *Lose Blätter – Visionen und Realitäten*. Beide Autoren inszenieren sich nicht als Lichtgestalten, sondern beschreiben ganz nüchtern ihren Werdegang, ihren Arbeitsalltag, ihre Antriebe, ihre Erfolge und Niederlagen, ihr Scheitern sowie ihre Zukunftsvorstellungen.

Diese Erlebnisberichte sind nie auf eine Bestsellerliste gelangt. Nur wenige Rezensenten machten auf ihr Erscheinen aufmerksam. Der Verlag, ein Zwei-Mann-Betrieb, der on demand auch selbst druckt, konnte keine großartige Reklame machen. Und nicht einmal die indirekte Werbung des sächsischen Verfassungsschutzes, der das Schkeuditzer Unternehmen als linksextremistisch einstufte, hat für eine größere Verbreitung gesorgt. Da verwundert es nicht, dass sich die Bibliotheken ebenfalls zurückgehalten haben. Die *Deutsche Nationalbibliothek (DNB)* verfügt jeweils über ein Pflichtexemplar, für das Bundesarchiv ist die Anschaffung ein Muss, im reichen München kann man selbstverständlich auch diese Bücher lesen, ansonsten findet man sie nur noch in homöopathischer Dosierung in der jeweiligen Region.

Den Erinnerungen Werner Bahmanns (Jg. 1930), über Jahr‑zehnte Direktor für Forschung und Entwicklung des *VEB Ber‑liner Werkzeugmaschinenfabrik Marzahn*, erging es nicht viel bes‑ser. Auch sie sind in öffentlichen Bibliotheken kaum präsent. Am Verlag kann es in diesem Fall nicht gelegen haben. Der Titel *Gewonnen, und doch verloren* erschien 2008 im Berliner verlag am park in der edition ost Ltd., einem Unternehmen der *Eulenspiegel* Verlagsgruppe.

Bahmanns Lebensbericht reicht bis ins Jahr 2004 und stellt auch insofern eine Besonderheit dar, als er zeigt, wie ein nam‑hafter Chefkonstrukteur nicht nur um technische Innovatio‑nen kämpft, sondern zugleich um »seinen« Betrieb und um den Erhalt der Arbeitsplätze. Es ging ihm und seinem Team um Patente, um High-Tech, zuletzt um eine Hochleistungs‑schleifmaschine, die wie frühere Konstruktionen Weltspitze bedeutete. Sich dabei zugleich um die Zukunft der Beschäf‑tigten zu sorgen, war wohl eine Perspektive, wie sie nur ein in der DDR ausgebildeter und tätiger Ingenieur einnehmen konnte. Wenn Bahmanns Buchlesungen stets überfüllt waren, so deutete das nicht nur auf die alte Betriebsverbundenheit ehemaliger Mitarbeiter hin. Hier zeigte sich, dass eine alter‑native Unternehmensführung als Erinnerung, Sehnsucht und Hoffnung nach wie vor lebendig ist.

Von den 1989 amtierenden 125 Generaldirektoren zent‑ralgeleiteter Industriekombinate hat ein einziger seine Erin‑nerungen veröffentlicht, das sind 0,8 Prozent. Setzt man die vorliegenden Autobiografien ins Verhältnis zur Gesamtheit des rund 2.400 Führungskräfte umfassenden Managements in diesen Kombinaten (Generaldirektoren, Fachdirektoren, Di‑rektoren von Kombinatsbetrieben) oder gar des gesamten Lei‑tungspersonals bis herab zur Meisterebene (33.000 Personen), so fällt die Relation noch wesentlich ungünstiger aus – ein schwer erklärbares Phänomen. Zum Vergleich: Von den 25 Mitgliedern des Politbüros von 1989 haben zehn, also vierzig

Prozent ihre Lebensberichte veröffentlicht, einige sogar mehrfach. Martin Sabrow spricht in diesem Zusammenhang von einem »autobiographischen Regierungsrekord in Deutschland«.[10]

Woher rührt das Schweigen der ostdeutschen Industriekader? Was verschlägt ihnen die Sprache? Liegt es an fehlender Nachfrage und Ermutigung? Beruht es auf ihrem Selbstverständnis als Ingenieure und Naturwissenschaftler, das sie nicht in vermintem Gelände wildern lässt? Sind sie nicht so exhibitionistisch veranlagt oder fürchten sie, durch Veröffentlichungen Freunde zu verlieren – ein unvermeidlicher Kollateralschaden fast jeder Autobiografie? Ist es eine Verweigerung, nachdem sie durch die Treuhand als Altlasten entsorgt und in der Öffentlichkeit ungerechtfertigt für den wirtschaftlichen Niedergang der DDR verantwortlich gemacht worden waren, manch einem gar persönliche Unredlichkeit unterstellt worden war? Hat ihre pauschale Einschätzung als »Parteibuchkarrieristen und Nichtskönner« durch westdeutsche Personalberatungen und Medien dazu geführt? Obwohl inzwischen zahlreiche seriöse Studien diesem Personenkreis hohe Professionalität, Leistungsorientierung und Motivation, technische sowie unternehmerische Innovationsstärke bescheinigten, hat sich im landläufigen Verständnis offenbar das Bild vom Versager gehalten.

Wirkt die Masse der Rechtfertigungs- und Asche-aufs-Haupt-Geschichten anderer Verantwortungsträger so abschreckend, zumal Wirtschaftsführer zu derartigen Bekenntnissen keinerlei Veranlassung sehen? Sind sie generell als Macher und Pragmatiker nicht die Typen, die den Blick auf sich selbst richten und sich in übergreifende Zusammenhänge, in die allgemeine Wirtschafts- und Kulturgeschichte des Landes einordnen?

Oder haben sie schlicht keine Zeit für solcherart Rückbesinnung, weil sie nach dem beruflichen Aus in ihren Kombinaten die Ärmel hochgekrempelt und sich neue Betätigungsfelder erschlossen haben? Niemand von ihnen hat einen Platz in der Riege der vierhundert deutschen Top-Manager einnehmen können, dennoch haben die allermeisten erfolgreiche Nachwende-Karrieren gestartet. Entgegen vielen Mutmaßungen führte der Weg der Industriekader mehrheitlich weder ins Arbeitsamt, noch aufs Altenteil. Über die Hälfte von ihnen hatte zehn Jahre nach der Wende immer noch oder wieder eine Führungsposition inne, nicht mehr in der Königsklasse, aber eine mit hoher Verantwortung, wo Professionalität und Pragmatismus, oft auch ihr spezielles Sozialkapital gefragt waren. Jeder Zehnte war Mitarbeiter ohne Leitungsfunktion, sieben Prozent waren freiberuflich tätig, ein Viertel hatte inzwischen das Rentenalter erreicht, war aber meist noch in berufliche Zusammenhänge eingebunden. Lediglich zwei Prozent gaben an, auf Arbeitssuche zu sein. Bei dieser Konstellation ist klar, dass die industrielle Elite der DDR – anders als die politische und militärische – vielfach wirklich keine Zeit hatte, sich ans Aufschreiben des eigenen Lebens zu setzen.

Von einem Schweigen zu sprechen, ist vielleicht auch nicht ganz gerechtfertigt. In anderer Form haben sie sich durchaus geäußert, etwa in Interviews, die Sozialwissenschaftler und Zeithistoriker mit ihnen führten. In gesonderten Spezialuntersuchungen – nicht etwa im Rahmen der allgemeinen deutschen und europäischen Wirtschaftsgeschichte – sind die Industriekader der DDR vor allem als Gruppe erforscht worden. Angaben zu Alter, Geschlecht, sozialem Herkunftsmilieu, Bildung, fachlicher Qualifikation, Weiterbildungen, Fremdsprachenkenntnissen, Familienstand, Heiratsbeziehungen, Kindern, politischer Orientierung von Eltern und Ehepartnern, Parteimitgliedschaft, Engagement in gesellschaftlichen Organisationen, Wahlfunktionen, Parteischulbesuch, Wehrdienst, Nomenklatur- und Reisekaderstatus, Westverwandtschaft, Titeln und Auszeichnungen usw. ließen sich mühelos dem

Zentralen Kaderdatenspeicher des DDR-Ministerrats entneh-
men. (Diese Datei, die Auskunft gibt über 330.000 Beschäftigte, ist in anonymisierter Form im Bundesarchiv Koblenz
einzusehen – ebenso wie andere personenbezogene Arbeits-
kräfte-Datenspeicher der DDR, darunter der Datenspeicher
Gesellschaftliches Arbeitsvermögen des Staatssekretariats für
Arbeit und Löhne von 1989 mit Angaben zu sieben Millionen Personen.) Die einschlägige Literatur der zurückliegen-
den zehn Jahre weist aus, dass nicht nur große Datenmengen
ausgewertet worden sind, sondern dass auch mit qualitativen
Methoden gearbeitet wurde. Zahlreiche Industriekader sind
persönlich befragt worden, um Aussagen etwa zu Habitus
und Selbstverständnis dieser Gruppe zu gewinnen. Auf diese
Weise sind einzigartige Studien entstanden (denn Vergleichbares ließe sich für Westmanager nicht erstellen), die in die
Richtung von Kollektivbiografien bestimmter Berufsgruppen
in der Abfolge verschiedener Generationen weisen.

Nicht nur in solchen biografischen Interviews haben Generaldirektoren und andere Leitungskader Auskunft gegeben.
Sie haben sich auch im Rundfunk, in Dokumentarfilmen und
Videos geäußert, haben an Industrie-, Kombinats-, Werks-
und Produktgeschichten mitgeschrieben, sich in Museen und
Traditionsvereinen engagiert, um das Erbe der DDR-Indus-
triekultur zu sichern. Nur Autobiografien haben sie eben nicht
verfasst. Dabei wäre das beim gegenwärtigen Stand der Dinge
die einzige Möglichkeit, dass die Akteure der Wirtschaft die
Kontrolle über ihre eigenen Daten zurückgewönnen, Herren
ihrer Biografie blieben, der Interpretation durch andere etwas
entgegenzusetzen hätten. Das Ziel müsste sein, sich selber zu
Wort zu melden, statt über sich befinden zu lassen.

Autobiografien würden nicht nur die Außensicht relativieren
und korrigieren, zu einem ausgewogeneren Urteil beitragen.
Sie wären die einzige Quelle, um etwas über die innere Welt
der Wirtschaftsführer zu erfahren, ihre Wert- und Zielvorstel-

lungen, ihre Grundüberzeugungen, ihre ethischen Maßstäbe, ihre Denk- und Entscheidungsmuster, ihre Motive und Antriebe, immer von Neuem überaus komplexe, scheinbar aussichtslose Vorhaben anzupacken und zu Wege zu bringen usw. Diese subjektive Seite, mag man sie Gesinnung, Haltung, Denkweise oder wie auch immer nennen, ist nach wie vor eine große Unbekannte. Sie dürfte aber den Boden bilden für das Selbstbewusstsein der Industriekader, für ihre Gewissheit, unter den gegebenen Bedingungen der Verantwortung gerecht geworden zu sein, etwas in die Zukunft Weisendes geleistet zu haben.

Wer waren überhaupt die ostdeutschen Wirtschaftsbosse (bis auf zwei Generaldirektorinnen handelte es sich ausschließlich um Männer)? Wie gesagt, sie sind der breiten Öffentlichkeit nicht einmal dem Namen nach bekannt. In den internationalen und deutschen biografischen Lexika sucht man sie vergebens, ebenfalls in den spezielleren Manager-Nachschlagewerken, Handbüchern und Darstellungen zur deutschen Wirtschaftselite des 20. Jahrhunderts. Lediglich das *Internationale Biographische Archiv (Munzinger-Archiv)* verzeichnet unter der Klassifikation Wirtschaftsmanager, Industriemanager, Wirtschaftspolitiker einige wenige Kombinatsdirektoren wie Friedrich Wokurka, Herbert Kroker oder Wolfgang Biermann. Sie werden dort hinsichtlich Herkunft, Ausbildung und Wirken vorgestellt. Die Portraits des Ravensburger Unternehmens zeichnen sachlich den Werdegang nach, ordnen Leistungen ein und würdigen die jeweilige Führungspersönlichkeit.

Selbst in rein DDR-bezogenen biografischen Nachschlagewerken wie *Wer war wer in der DDR?* sind Wirtschaftsleute deutlich unterrepräsentiert. Das Autorenteam vom Christoph Links Verlag hat in dieser Hinsicht zwar Anstrengungen unternommen, aber noch keinen befriedigenden Stand erreicht. Während die 1. Auflage von 1996 nur fünfzehn Generaldirektoren von Kombinaten verzeichnete, enthält die 5. Auflage von 2010 immerhin schon 56 derartige Kurzbiografien. Das sind 1,4 Prozent der namentlich Erwähnten. Man erfährt dort alles über Chris Doerk oder Herbert Köfer, über Fußballer und Schachspieler, Kirchenjuristen und Sprachforscher, Bürgermeister, Abgeordnete sowie Funktionäre, aber nichts über einen Generaldirektor wie etwa Rudi Rosenkranz, der mit dem *VEB Kombinat Textima Karl-Marx-Stadt* einen der großen Tanker (30.000 Beschäftigte) durchs Fahrwasser der DDR-Wirtschaft geleitete. Die Führungsposten in den 257 zentral- und bezirksgeleiteten Kombinaten sind im Laufe der Zeit von unterschiedlichen Personen besetzt gewesen. Nur selten hat ein »General« das Unternehmen von der Gründung bis zum Ende geführt. Es müssten in einem zuverlässigen Nachschlagewerk also allein auf dieser Leitungsebene Hunderte von biografischen Portraits enthalten sein.

Ein spezielles Lexikon der DDR-Wirtschafts- oder Industriemanager gibt es nicht. Es existieren Lexika der (politischen) Funktionäre, der DDR-Opposition, der DDR-Künstler, -Sportler, -Historiker, -Stars usw., der DDR-Literatur und des DDR-Rocks. In Kürschners *Deutscher Gelehrten-Kalender* wurden nach der Wende in aller Eile die Lebensdaten und Arbeitsfelder der an DDR-Universitäten und Hochschulen tätigen Wissenschaftler aufgenommen, sodass es vor den großen Entlassungswellen zumindest eine unvollständige Momentaufnahme von diesem Zeitpunkt gibt. Vergleichbares ist für die Chefetagen der Wirtschaft nicht geleistet worden. Das Rowohlt-Lexikon *So funktionierte die DDR* von 1994 listet zwar 169 Kombinate auf, die Ministerien direkt unterstellt waren, konnte in 85 Prozent der Fälle auch die 1989 dort amtierenden Generaldirektoren ausmachen. Biografische Angaben wurden jedoch nur zu sechs Personen aus diesem Kreis angeführt, ansonsten blieb es bei der bloßen Namensnennung. Das Handbuch von 1997 aus dem Dietz Verlag Berlin *Die SED. Geschichte-Organisation-Politik* stellt im Abschnitt »Kurzbiographien der Führungskader« ganze fünf Kombinatsdirektoren von 1989 vor. Es handelt sich um diejenigen, die neben ihrer beruflichen Tätigkeit in der Industrie ebenso Mitglied des ZK oder der Zentralen Revisionskommission der SED waren. Nach dieser Klassifikation wurden Wirtschaftskader nicht als Führungskader der SED eingestuft.

Das weitgehende Ausblenden der DDR-Wirtschaftselite aus dem öffentlichen Bewusstsein zeigt einen politischen Wandel an. Bis 1989 war die DDR auch im Westen von vielen als europäischer Industriestaat eigener Art gesehen worden, dessen politisches System eine alternative Ordnung darstellte. Erst die Nachwende-Legenden von der durchgängig maroden Wirtschaft und dem Unrechtsstaat haben die Perspektive verengt. Von daher ist es erklärlich, dass nun auch die gesamte historische Forschung und die Erinnerungsindustrie, alle Aufarbeitungs- und Bewältigungskampagnen in diese Richtung rollen. Dennoch dürfte dies sehr kurz gedacht sein. Eine vorurteilsfreie Betrachtung und Erörterung der jüngeren deutschen Geschichte (einschließlich der Ostdeutschen) wäre nicht nur eine lohnende wissenschaftliche Aufgabe. Sie ist auch aus ganz praktischen Gründen ein Gebot der Stunde.

Denn es zeichnet sich ab, dass ganz andere Wenden vor der Tür stehen, gegen die das Ende der DDR wohl wirklich nur eine historische Miniatur war. Hier soll nicht zum wiederholten Mal der drohende Untergang des Abendlandes beschworen werden. Aber allein schon die demografische Entwicklung wird dafür sorgen, dass Europa in absehbarer Zeit ein weltpolitischer Zwerg ist, eine Region, die von Wirtschafts-, Währungs-, Energie-, Rohstoff-, Umwelt- und vielen anderen Krisen gebeutelt wird. Unter solchen Bedingungen einen halbwegs akzeptablen mitteleuropäischen Lebensstandard zu sichern, wird eine große Kunst sein. Sicher wird das künftige Europa nicht mit der alten DDR vergleichbar sein. Aber wenn die Musik anderswo spielt, der Zugriff auf die Reichtümer der

Welt begrenzt wird, weil Milliarden anderer Menschen ihre Ansprüche geltend machen, müssen die inneren Ressourcen umfassender genutzt werden.

Es wäre übertrieben zu sagen: Dann schlägt die Stunde der Generaldirektoren – schon, weil keiner von ihnen dann mehr wird Auskunft geben können und weil sich geschichtliche Vorgänge nicht wiederholen. Aber unter schwierigsten Bedingungen eine Wirtschaft am Laufen halten, mit dem allgemeinen Mangel an Energie, an Rohstoffen, Arbeitskräften und vielem anderen fertig werden (ganz im Sinne heutiger Vorstellungen von Nachhaltigkeit), mit knappen Finanzen auskommen, den Menschen Arbeit, Brot und ein anständiges Leben sichern – das ließe sich möglicherweise bei ostdeutschen Industriekadern lernen. Ihr das eigene Unternehmen und das rein kaufmännische und technokratische Denken überschreitender Horizont, ihre technologischen, ingenieurtechnischen, produktionsorganisatorischen und sozialen Erfahrungen wären zu sichern, die vielen aus der Not geborenen Lösungen, ihr Teamgeist, aber auch ihr Verständnis für die Situation der Beschäftigten, ihre Pflicht und Bereitschaft, nicht nur für die Produktion, sondern auch für die Reproduktion der Arbeitskräfte zu sorgen. Nur ein Beispiel: Die Einrichtung von Krippenplätzen, woran heute viele Unternehmen scheitern, gehörte für einen Kombinatsdirektor noch zu den kleineren Übungen. Es könnte sein, dass in Regionen mit armen oder ausgedünnten Kommunen den Betrieben wieder solche Funktionen zuwachsen, wie sie in der Frühzeit der deutschen Industrialisierung und in der DDR ganz selbstverständlich waren – die notwendige Infrastruktur zu sichern, das soziale und kulturelle Leben zu organisieren.

Andere Szenarien, etwa dass Europa am Tropf der aufstrebenden neuen politischen und wirtschaftlichen Machtzentren hängen wird, sollen hier nicht diskutiert werden.

In jedem Fall wäre es wichtig, die Erfahrungen gestande-

ner DDR-Industriekader zu sichern. Schließlich war die ostdeutsche Re-Industrialisierung nach dem Krieg in mehrfacher
Hinsicht eine Erfolgsgeschichte. Abgeschnitten von den bisherigen Rohstoff- und Energiequellen, gelang es, eine Industrie ohne Privateigentum und ohne Konkurrenzwirtschaft
aufzubauen. Das verlangte einen besonderen Typ von Wirtschaftsführern, die die DDR binnen weniger Jahrzehnte in ein
international geachtetes Industrieland verwandelt haben. Die
Erfolgsgeschichte des deutschen Kapitalismus ist sehr gut erforscht und im Gedächtnis der Deutschen fest verankert. Die
Lebensgeschichten deutscher Industriepioniere gehören nach
wie vor zu den Bestsellern des Büchermarktes, sind auch in
der jungen Generation präsent.

Die industrielle Erfolgsgeschichte der DDR ist dagegen wenig erforscht und noch weniger in den Köpfen der Menschen
verankert. Seit dem staatlichen Ende und der weitgehenden
Deindustrialisierung des Landes scheint die Erinnerung an
die Blütezeit der ostdeutschen Industrie verschüttet zu sein.
Die Generaldirektoren der Kombinate und ihr Führungs-
stab werden ganz selbstverständlich als nicht zur deutschen
Wirtschaftselite des 20. Jahrhunderts zugehörig angesehen.
Sie gelten als Repräsentanten einer kommunistischen Misswirtschaft, werden bestenfalls in wissenschaftlichen Spezialab-
handlungen untersucht, die in der breiten Öffentlichkeit nicht
wahrgenommen werden.

Die ostdeutsche Wirtschaftselite wurde verdrängt. Als Repräsentanten der SED-Wirtschaftspolitik galten ihre Vertreter
als politisch belastet. Von Hause aus ganz überwiegend Ingenieure und Naturwissenschaftler, fehlten ihnen viele der für
eine Marktwirtschaft unumgänglichen betriebs-, finanz- und
weltwirtschaftlichen Kompetenzen. Und es mangelte ihnen an
Elitebewusstsein als Folge ihres Herkunftsmilieus und ihrer
jahrzehntelangen DDR-Sozialisation. Schon allein vom Habitus her konnten sie unter West-Managern nicht bestehen.

All das ist Geschichte. Nun wäre es an der Zeit, nicht weiter die vermeintlichen Defizite aufzulisten, sondern ganz andere Fragen zu stellen: Was machte diese Industriekader in der DDR so erfolgreich? Worin bestand ihr soziales und kulturelles Kapital? Eine Antwort müssten die Akteure selbst geben und dabei in Deutungskonkurrenz zu Zeithistorikern und Soziologen treten. Letztere können Rekrutierungsmuster und Karrierewege der Kombinatseliten nachzeichnen, nicht aber die subjektive Seite dieser Vorgänge. Mit Max Weber wäre zu fragen: Was waren das für Typen, wovon haben sie sich leiten lassen, von welchen Gesellschafts- und Kulturauffassungen, von welchem Wirtschafts- und Berufsethos? Gab es so etwas wie den »Geist des Sozialismus«, eine Übereinstimmung von weltanschaulichen Grundüberzeugungen und Wirtschaftsgesinnung, die sich nicht mehr auf die Bourgeoise gründeten, sondern einen anderen sozialen Träger hatten? Oder war die sozialistische Arbeits- und Berufsauffassung nur eine Spielart der protestantischen beziehungsweise pietistischen?

Inwiefern waren Industriekader Motor des Wirtschaftslebens? Worauf gründete sich ihre Innovations- und Risikobereitschaft? Was hat sie ausgebremst? Welche Spielräume, welche reale Macht hatten Führungskräfte in den Kombinaten? Was konnten sie nicht? Wie kamen sie mit der Verantwortung für alles und jedes und mit der Überfülle an Aufgaben zurecht? Wie leitet man ein Unternehmen, in dem große Gruppen der Beschäftigten gar nicht oder nur eingeschränkt an der Erwirtschaftung des Betriebsergebnisses beteiligt sind? Kein Konzern hatte sich herumzuschlagen mit Auflagen zur Konsumgüterproduktion, zur Frauen- und Jugendförderung, zur Erwachsenenqualifizierung, zum warmen Essen in der Nachtschicht, zur medizinischen Versorgung, zu Kitas und Betriebsferienlagern, zur polytechnischen Erziehung der Schüler, zur Betreuung der Rentner, zur Wiedereingliederung straffällig Gewordener, zu einer derart überbordenden Kulturarbeit, dass

Enthusiasten aller Art ihrem Hobby auf Betriebs- beziehungsweise Staatskosten nachgehen konnten. Waren dies »Errungenschaften« oder schlicht Belastungen des Arbeitszeitfonds, die auf die Produktivität drückten? Wirtschaftsführer wussten genau, dass solche Aktivitäten »schlecht fürs Geschäft«, im gesamtgesellschaftlichen Interesse aber unumgänglich waren.

Was waren die Antriebe, sich solch einem Gewirr einander auch widersprechender Anforderungen zu stellen? Das Geld kann es bekanntlich nicht gewesen sein und auch nicht die lächerlich geringfügigen sonstigen »Privilegien«. In der Literatur ist mitunter beiläufig von verschiedenen Typen von »Industriekapitänen« die Rede, ohne dass dafür Belege herangezogen werden. Da wird berichtet von Ingenieuren, die sich mit aller Leidenschaft der Technik verschrieben hatten, von Großorganisatoren, bei denen zuverlässig eins ins andere greifen musste, vom sozial-fürsorglichen Hausvatertyp, vom machtbesessenen Schinder usw. Wenn es sie denn gegeben hat, wie konnten Führungspersönlichkeiten von so unterschiedlichem Zuschnitt in einer zentralverwalteten Planwirtschaft bestehen?

Diese und andere Fragen werden zu beantworten sein, sobald deutlich mehr Autobiografien von Generaldirektoren und ihren Stellvertretern, von den Fachdirektoren für Kader und Bildung, für Technologie, für Ökonomie, für Kultur und Sozialwesen, von Hauptbuchhaltern und Justitiaren, von den einzelnen Betriebsdirektoren, von Abteilungsleitern usw. vorliegen.

Es wäre also endlich damit zu beginnen, diesen Personenkreis zu autobiografischen Äußerungen zu ermutigen, dies auch professionell zu begleiten und finanziell zu fördern. Die vorgelegten Lebensberichte von Heinz Schwarz, Herbert Richter und Werner Bahmann bieten unterschiedliche Varianten an, wie man sich solch einem Unterfangen nähern kann. Mit dem Abstand der Jahre und den neuen Erfahrungen in der Marktwirtschaft blicken sie auf ihr Tun in der

Planwirtschaft zurück. Und sie schauen in die Zukunft. All dies werden in Gedanken auch viele andere Fachleute aus der DDR-Wirtschaft schon getan haben. Jetzt heißt es nur noch: Aufschreiben oder einem anderen erzählen, der das dann zu Papier bringt!

Nils Schumann-Bischoff

Kompendium – Ausgewählte Institutionen und Kombinate im Überblick

Hochschule für Ökonomie Berlin (HfÖ)

Die *Hochschule für Planökonomie* entstand 1950 in Berlin als Forschungs- und Ausbildungsstätte, insbesondere für Studierende aus der Arbeiterklasse. Nahezu alle Generaldirektoren der Kombinate absolvierten hier ein Studium.

Im Zuge des Zusammenschlusses der Hochschule mit der *Hochschule für Finanzen*, Potsdam-Babelsberg und der *Hochschule für Außenhandel*, Berlin-Staaken kam es 1954 zur Namensänderung in *Hochschule für Ökonomie Berlin (HfÖ)*. Wie alle Hochschulen und Universitäten war die HfÖ dem Staatssekretariat für das Hochschulwesen unterstellt, das 1967 in das *Ministerium für Hoch- und Fachschulen* umgewandelt wurde. 1972 erfolgte die Namenserweiterung der HfÖ in *Hochschule für Ökonomie Bruno Leuschner*.

Die Ausbildung in der Hochschule erfolgte nach einem ganzheitlichen Konzept, sodass neben der ökonomischen Betrachtung eines Themas auch dessen gesellschaftliche Auswirkungen bedacht wurden. Neben den üblichen Fächern wie Betriebslehre oder Statistik standen auch Geschichte der Arbeiterbewegung und Philosophie auf dem Lehrplan.

Mit ihren Verbindungen in das sowjetische und nicht-sowjetische Ausland und den Vernetzungen zum Forschungsrat der DDR und zu Regierungskommissionen war die HfÖ auch bei staatlichen und politischen Akteuren sehr gefragt. So fertigte diese Forschungsberichte für die *Staatliche Plankommission* (SPK), für Ministerien und Unternehmen an und beriet Entwicklungsländer in ökonomischen Fragen.

Aufsehen erregte das 1961 auf der Studentenbühne der HfÖ uraufgeführte Theaterstück »Die Umsiedlerin oder Das Leben auf dem Lande« von Heiner Müller. Es wurde noch am Premierenabend verboten und zog eine Kampagne des Partei- und Staatsapparates gegen den Autor und sein Stück nach sich.

Institut/ Akademie für Gesellschaftswissenschaften beim ZK der SED (IfG/AfG)

Das *Institut für Gesellschaftswissenschaften beim ZK der SED (IfG)* wurde 1951 als Lehr- und Forschungsanstalt gegründet. Es unterstand direkt dem *Zentralkomitee (ZK)* der SED und arbeitete an Themenfeldern, welche sich entweder ideologisch mit dem Marxismus-Leninismus auseinandersetzten oder die Grundfragen der Parteipolitik behandelten.

Die verschiedenen Lehrstühle, deren Zahl stetig wuchs, befassten sich unter anderem mit politischer Ökonomie, Philosophie, Literatur und Kunst, internationaler Arbeiterbewegung, Soziologie oder Imperialismusforschung.

Zum Aufgabenbereich gehörte unter anderem die empirische beziehungsweise theoretische Forschung, die in ausgiebigen Publikationen verbreitet wurde und oftmals die offizielle Lehrmeinung darstellte. Die SED nutzte die Institution im eigenen Interesse als gesellschaftswissenschaftliche Denkfabrik. Ebenfalls erfolgte im *Institut für Gesellschaftswissenschaften* die Weiterbildung zukünftiger leitender Kader – in Kursen, die in der Regel drei Jahre dauerten.

1976 wurde das Institut in eine Akademie (*AfG*) umgewandelt und ausgebaut. Somit konnte die bedeutende Stellung gegenüber der *Parteihochschule Karl-Marx* und dem *Institut für Marxismus-Leninismus* verdeutlicht werden, die ebenfalls in Berlin angesiedelt waren.

Staatliche Plankommission (SPK)

Die *Staatliche Plankommission* (*SPK*) war ein Organ des Ministerrates, welches die Koordination der Entwicklung der Volkswirtschaft der DDR zur Aufgabe hatte. Die Planaufgaben,
welche kurz-, mittel- oder langfristig erfüllt werden sollten,
wurden von der SPK maßgeblich ausgearbeitet, mitgestaltet
und kontrolliert. Grundlegende volkswirtschaftliche Entwicklungen wurden jedoch durch die Parteiführung – insbesondere das Politbüro – festgelegt. Die Fünfjahrespläne waren hierfür ein elementares Instrument.

Nach mehreren Wechseln der Vorsitzenden während der
Anfangsjahre prägte Dr. Erich Apel die *Staatliche Plankommission* von 1963 bis 1965 durch die Entwicklung des »Neuen
Ökonomischen Systems der Planung und Leitung« (NÖSPL).
Ziel war es dabei, den Effektivitätsgedanken in das sozialistische Wirtschaftssystem aufzunehmen. 1971 kam es mit dem
politischen Wechsel in der SED-Führung auch zu einem ökonomischen Wandel. Die neue »Einheit von Wirtschafts- und
Sozialpolitik« sah vor, durch eine Anhebung des Lebensstan-
dards größere Zufriedenheit in der Bevölkerung und einen
Anstieg der Produktivität zu erreichen.

Als Nachfolger von Erich Apel war Gerhard Schürer bis
1989 für die Umsetzung der politischen Vorgaben in der SPK
verantwortlich. Im sogenannten *Schürer-Bericht* – der 1989
verfassten »Analyse der ökonomischen Lage der DDR mit
Schlussfolgerungen« – beschreiben Gerhard Schürer, Alexander Schalck-Golodkowski und andere die bevorstehende Zahlungsunfähigkeit der DDR. Ihre Schlussfolgerungen wurden
erst 1999 durch einen Sonderbericht der Bundesbank wider-
legt.

Vereinigung Volkseigener Betriebe (VVB) und Kombinate

Vereinigungen Volkseigener Betriebe (VVB) waren vom Produktionsstandort losgelöste Führungs- und Verwaltungseinheiten einzelner Industriezweige.

Als Vorstufe der Kombinate richtete die *Sowjetische Militäradministration in Deutschland (SMAD)* 1948 die ersten VVB ein. Führungskräfte der *Volkseigenen Betriebe* (VEB) wurden hier branchenweise vernetzt, um Wirtschaftszweige effektiver organisieren und steuern zu können. Sie unterstanden den jeweiligen Industrieministerien, ab 1961 dem neu gegründeten *Volkswirtschaftsrat (VWR)* und ab 1965 erneut den Industrieministerien. Ab den Fünfzigerjahren existierten Kombinate und VVB parallel. Die *Vereinigungen Volkseigener Betriebe* wurden jedoch im Zuge der Umstrukturierung der Wirtschaft Ende der Siebzigerjahre allesamt in Kombinate umgewandelt. Diese waren meist in wesentlich größeren Einheiten organisiert und wurden nach dem Prinzip der Einzelleitung durch einen Generaldirektor geführt. Kombinate unterstanden in der Regel dem jeweiligen Fachminister, welcher gegenüber den Generaldirektoren allein weisungsberechtigt war. Mit der Eingliederung der Führungs- und Verwaltungsaufgaben in den jeweiligen Stammbetrieb sollten Bürokratie- und Kommunikationsprobleme rationalisiert und gelöst werden.

Zentralinstitut für sozialistische Wirtschaftsführung beim ZK der SED (ZISW)

Das 1965 in Berlin-Rahnsdorf gegründete *Zentralinstitut für sozialistische Wirtschaftsführung beim ZK der SED (ZISW)* war ein Aus- und Fortbildungszentrum für die leitenden Funktionäre der Wirtschaft. Als Verleger und Herausgeber von Wissenschaftsliteratur trug das ZISW zum wissenschaftlichen Diskurs vor allem in der Volks- und Betriebswirtschaft bei.

Die Notwendigkeit für die Schaffung einer solchen Institution lag in der wachsenden Bedeutung der Wirtschaft und deren Komplexität. Dementsprechend sollten Führungskräfte an
verschiedenen Instituten für sozialistische Wirtschaftsführung
intensiv ausgebildet werden. Diese Institute waren jeweils einem speziellen Fachbereich zugeordnet und befanden sich an
verschiedenen Universitäts- und Hochschulstandorten, waren
aber dem ZISW in Berlin angegliedert. Den Grundstein hierfür
bildeten das Institut für den Bereich Außenwirtschaft an der
Hochschule für Ökonomie Berlin (HfÖ) und das Institut für den
Bereich Chemie an der *Technischen Hochschule Leuna-Mer-
seburg (THLM)*. Hinzu kamen weiterhin der Maschinenbau
und die Elektrotechnik an der *Technischen Universität Dresden
(TUD)*, die Grundstoffindustrie an der *Bergakademie Freiberg*
oder der Schwermaschinenbau an der *Universität Rostock*.

Geleitet wurde das Zentralinstitut über 24 Jahre von Helmut
Koziolek, welcher zuvor die Leitung des *Ökonomischen For-
schungsinstituts der Staatlichen Plankommission (ÖFI)* innehatte
und dort maßgeblich mit Erich Apel an der Erstellung des
»Neuen Ökonomischen Systems der Planung und Leitung«
(NÖSPL) beteiligt war. Seit 1981 war Koziolek auch Vollmit-
glied des *Zentralkomitees (ZK)* der SED.

VEB Eisenhüttenkombinat Ost (EKO), Eisenhüttenstadt

Die für den Wiederaufbau der ostdeutschen Industrie notwendige Stahlproduktion sollte durch den 1950 geplanten
und ein Jahr darauf in Betrieb genommenen *VEB Eisenhüttenkombinat Ost (EKO)* gewährleistet werden. 1953 erfolgte
die Umbenennung in *VEB Eisenhüttenkombinat »J. W. Stalin«*.
Nach der Auflösung des Volkswirtschaftsrats 1966 wurde er
dem *Ministerium für Erzbergbau, Metallurgie und Kali (MEMK)*
unterstellt.

Der Standort im Osten der Republik wurde auf Grund seiner Nähe zu den Rohstofflagerstätten in Polen (Steinkohle) und der Ukraine (Erz) gewählt. Es handelte sich um ein bis dahin dünn besiedeltes Gebiet ohne ausgebaute Infrastruktur. Neben dem Kombinat entstand die sozialistische Planstadt Stalinstadt als Wohngebiet für die Arbeiter. Im Zuge der Entstalinisierung wurde diese 1961 in Eisenhüttenstadt umbenannt. Das Kombinat erhielt wieder seinen Namen VEB *Eisenhüttenkombinat Ost*. Mit der Errichtung des Kaltwalzwerks 1969 ging die Namensänderung in VEB *Bandstahlkombinat »Hermann Matern«* einher.

Die Produktion von Stahl und dessen Weiterverarbeitung war bis zur Wende 1989 dadurch behindert, dass dem Kombinat ein entscheidendes Glied in der Produktionskette fehlte: ein Warmwalzwerk. Dieses wurde benötigt, um den frisch geschmolzenen Stahl unverzüglich und ohne großen Energieaufwand umzuformen. Mehrere Versuche scheiterten, diese Lücke zu schließen, sodass der An- und Abtransport der unfertigen Produkte ein stetiges und teures Problem blieb. Der 1986 begonnene Bau des Warmwalzwerks wurde ein Jahr später gestoppt. Erst 1997 konnte es endlich in Betrieb genommen werden.

VEB Gaskombinat Schwarze Pumpe (GSP)

Die Notwendigkeit, Koks für die eigene Bevölkerung zu produzieren, ließ die *Schwarze Pumpe* schon im ersten Fünfjahresplan auftauchen. Der Import von Koks in der benötigten Menge war nicht möglich und es mussten die eigenen Bestände an Braunkohle erschlossen werden. So wurden 1955 die Pläne verabschiedet, die Braunkohlegewinnung und -veredelung im *VEB Kombinat Schwarze Pumpe (KSP)* bei Hoyerswerda anzugehen. Das dem Minister für Grundstoffindustrie direkt unterstellte Kombinat konnte 1958 mit der Produktion beginnen.

Die Unterbringung der neuen Belegschaft erfolgte in zeit-

gleich aufgebauten Wohngebieten in den anliegenden Ort-
schaften und brachte vor allem in Hoyerswerda und Sprem-
berg eine grundlegende Veränderung des Stadtbildes mit sich.
Im Zuge des Zusammenschlusses bestehender Betriebe der
gleichen Branche und der Erweiterung der Produktion um
die Gasherstellung wurde 1970 die Umbenennung zum *VEB
Gaskombinat Schwarze Pumpe (GSP)* vorgenommen. Im Jahre
1986 kam der Zusatz »Fritz Selbmann« hinzu.

Die im Kombinat erzeugten Produkte waren elementar für
die Versorgung der Haushalte und Industrie der DDR. Zu ihnen gehörten neben Koks und Stadtgas auch Briketts, Teer
und Ölprodukte.

VEB GISAG, Kombinat für Gießereiausrüstung und Guss-
erzeugnisse Leipzig

Der VEB *Leipziger Eisen- und Stahlwerke* begann 1948 mit der
Produktion von Gießereiausrüstungen. Mit der Zusammenführung anderer Betriebe der Projektierung von Gießereianlagen entstand 1966 der VEB *Gießereianlagen Leipzig*, welcher
sich bald in einer schwierigen ökonomischen Lage befand
und seinen Plananteil nicht erfüllen konnte. Um die Effektivität zu erhöhen, wurden die Betriebe 1969 im *VEB GISAG,
Kombinat für Gießereiausrüstung und Gusserzeugnisse Leipzig*
zusammengefasst. Die Kombinatsstruktur sollte größere Wir-
kungsbereiche erschließen.

Die erforderliche Wende hin zu einer erfolgreichen Planerfüllung blieb jedoch aus; die finanziellen Probleme trieben
das Kombinat in die Zahlungsunfähigkeit, woraufhin 1970
ein Stabilisierungsverfahren eingeleitet werden musste. Dieses
wurde erfolgreich durchgeführt. Innerhalb weniger Monate
arbeitete das Kombinat wieder wirtschaftlich und konnte zwei
Großprojekte in der Sowjetunion und in Algerien realisieren.

Eine erneute Strukturumwandlung erfolgte 1979 durch die

Auflösung der VVB *Gießereien Leipzig* und die Zusammenlegung von drei Kombinaten und Betrieben zum VEB *Kombinat GISAG*. Dieses wurde 1987 endgültig aufgelöst und mit dem VEB *Kombinat baukema Leipzig* zusammengeführt.

VEB Kombinat Elektromaschinenbau (KEM), Dresden

In der Zeit zwischen 1948 und 1958 wurden die Betriebe des Elektromaschinenbaus in der Region Dresden zusammengeschlossen, nacheinander umstrukturiert oder verschiedenen Institutionen unterstellt. So wurde am 1. Juli 1948 der *Volkseigene Elektro-Maschinenbau (VEM)* ins Leben gerufen; 1954 erfolgte die Bildung des *VEB Elektromaschinenbau Sachsenwerk* in Dresden-Niedersedlitz. Der Elektromaschinenbau unterstand von 1953 bis 1958 direkt dem Ministerium, anschließend von 1958 bis 1970 dem *VVB Elektromaschinen- und Anlagenbau*. Die Umstrukturierung fand 1970 mit der Gründung des VEB *Kombinat Elektromaschinenbau (KEM)* ihr vorläufiges Ende.

Die Stammbetriebe VEB *Elektromaschinenbau Sachsenwerk*, *VEB Elektromotorenwerk Dresden*, VEB *Elbtalwerk Heidenau* und *VEB Elektromotorenbau Zittau* produzierten vor allem Elektromotoren für Schwermaschinen und Anlagen, Fahrzeug- und Schiffbau, die Kohle- und Energiewirtschaft sowie die chemische Industrie. In den Achtzigerjahren besaß das Kombinat ein Monopol als Alleinhersteller dieser Produkte in der DDR.

1984 wurde das *Sachsenwerk* in Dresden-Niedersedlitz zum alleinigen Stammbetrieb des Kombinats.

VEB Schwermaschinenbau-Kombinat (SKET), Magdeburg

Das *Schwermaschinenbau-Kombinat »Ernst Thälmann« (SKET)* wurde am 1. Januar 1969 gebildet. Sein Stammbetrieb ging aus der 1855 gegründeten *Eisengießerei und Schiffswerft H. Gruson* in Magdeburg-Buckau hervor. Nach verschiedenen Umfirmierungen wurde das Werk 1951 in *Schwermaschinenbau »Ernst Thälmann«* umbenannt und schließlich 1954 in den *VEB Schwermaschinenbau »Ernst Thälmann«* umgewandelt.

Die Produktpalette knüpfte an die lange Magdeburger Maschinenbautradition an und bestand insbesondere aus Walzwerken und Anlagen für die metallurgische Industrie. Weiterhin wurden hier Gießerei- und Schmiedeerzeugnisse gefertigt sowie Draht- und Kabelwerke, Anlagen für die Baustoffindustrie und Ölmühlen. Diese wurden weltweit exportiert und vor Ort aufgebaut.

Dem Kombinat gehörten 1989 achtzehn Betriebe mit etwa 30.000 Mitarbeitern an.

VEB Strömungsmaschinen Pirna

Der *VEB Strömungsmaschinen Pirna* ging aus dem 1955 gegründeten *VEB Entwicklungsbau Pirna* hervor und produzierte Triebwerke für Flugzeuge.

Bereits 1946 zeigte die Sowjetunion großes Interesse an den Spezialisten des Triebwerkbaus in den besetzten Gebieten. Aus den Sowjetischen Aktienbetrieben (SAG-Betriebe) Dessau und Staßfurt – den ehemaligen *Junkers Flugzeug- und Motorenwerken (JFM)* und den Produktionsstätten von BMW-Triebwerken – wurden Fachkräfte samt Familien abgezogen, ganze Werkseinrichtungen demontiert und in Uprawlentscheski Gorodok bei Kuibyschew an der Wolga wieder aufgebaut. Vor Ort sollten die deutschen Spezialisten, die heute auch als »Stalins deutsche Elite« bezeichnet werden, Triebwerke für die Sowjetunion entwickeln und sowjetische Fachkräfte einarbeiten, um nach erfolgreicher Durchführung bis 1954 wieder nach Hause geschickt zu werden.

Mit der Neuausrichtung der Nachkriegswirtschaft in der DDR kam in den Fünfzigerjahren die Frage nach dem Aufbau einer eigenen Flugzeugindustrie auf. Da Fachkräfte zur Verfügung standen und der Flugzeugbau ein lohnendes Exportgeschäft darstellen konnte, fiel eine Entscheidung zu Gunsten dieses Industriezweigs. Seither wurden im *VEB Entwicklungsbau Pirna* Gasturbinen zum Antrieb von Verkehrsflugzeugen entwickelt und produziert.

Mit dem 1961 erfolgten politischen Beschluss, den Flugzeugbau in der DDR zu beenden, fand am Standort Pirna eine Umstellung der Produktion auf Turbinen für Kraftwerke und die Schifffahrt statt. Der *VEB Entwicklungsbau Pirna* wurde in den *VEB Gasturbinenbau und Energiemaschinenentwicklung Pirna* umgewandelt. 1970 erfolgte die Umbenennung des Betriebs in *VEB Strömungsmaschinen Pirna* und die Eingliederung in den *VEB Kombinat Kraftwerksanlagenbau Berlin (KKAB)*.

VEB Qualitäts- und Edelstahl-Kombinat (QEK), Brandenburg

Auf dem Gelände des 1912 errichteten *Walz-Werks Weber* wurde ab 1950 im neu aufgebauten VEB *Stahl- und Walzwerk Brandenburg* Rohstahl produziert. Unter dem Motto »Aus Stahl wird Brot« entwickelte sich der Betrieb bald zum größten Rohstahlhersteller der DDR. Ab 1951 war es verschiedenen Industrieministerien unterstellt, ehe es 1958 dem *VVB Stahl- und Walzwerke Brandenburg* zugeordnet wurde. Fortan konnte im Verbund Rohstahl zu Schienen, unterschiedlichen Drähten und anderen Stahlerzeugnissen weiterverarbeitet werden.

1969 erfolgte die Gründung des *VEB Qualitäts- und Edel-*

stahl-Kombinats (*QEK*). Zunächst wurde der *VEB Stahl- und Walzwerk »Wilhelm Florin«* in Hennigsdorf zum Stammbetrieb erklärt. Das *Stahl- und Walzwerk Brandenburg* übernahm 1979 diese Funktion. Unter anderem waren dem Kombinat die Betriebe *Maxhütte Unterwellenborn*, *Walzwerk Ilsenburg*, *Draht- und Seilwerk Rothenburg* sowie das *Zentralinstitut für ökonomischen Metalleinsatz Dresden* zugeordnet.

Bekanntheit erlangte das QEK durch den im damaligen Stammbetrieb Hennigsdorf entwickelten und ab 1974 produzierten Campingwohnwagen »QEK Junior«. Dieser war Ergebnis der politisch geforderten Konsumgüterproduktion: Fünf Prozent der gesamten Warenproduktion mussten auf Konsumgüter umgestellt werden. Für das QEK hatte dies zur Folge, dass nicht nur der »QEK Junior«, sondern auch PKW-Bootsanhänger, Gartenmöbel und Holzspielzeug gebaut wurden.

Endnoten

[1] Vgl. dazu: Axel Salheiser, Parteitreu, plangemäß, professionell? Rekrutierungsmuster und Karriereverläufe von DDR-Industriekadern, Wiesbaden 2009; Thomas Steger, Zwischen Arbeitsamt und Altersheim? – Die ehemaligen DDR-Kombinatseliten und ihr Weg durch die Transformation, in: Zeitschrift für Personalforschung, 18(4), 2004, S. 436-453.

[2] Vgl. Jörg Roesler, Veronika Siedt, Michael Elle, Wirtschaftswachstum in der Industrie der DDR 1945-1970, Berlin 1968; Falk Küchler, Die Wirtschaft der DDR. Wirtschaftspolitik und industrielle Rahmenbedingungen 1949 bis 1989, Berlin 1997; André Steiner, Von Plan zu Plan. Eine Wirtschaftsgeschichte der DDR, München 2004; Jörg Roesler (Hrsg.), Industriezweige in der DDR 1945 bis 1985, Jahrbuch für Wirtschaftsgeschichte. Sonderband 1988, Berlin 1989.

[3] Vgl. Georg Fülberth, Sozialismus, Köln 2010, S. 99, 102ff.

[4] Vgl. Claus Krömke, Das »Neue ökonomische System der Planung und Leitung der Volkswirtschaft« und die Wandlungen des Günter Mittag, (Hefte zur DDR-Geschichte 37), Berlin 1996, S. 19, 27f.

[5] Vgl. Jörg Roesler, Die Herausbildung der sozialistischen Planwirtschaft in der DDR, Berlin 1978, S. 61ff.

[6] Vgl. Institut für Marxismus-Leninismus (Hrsg.), Geschichte der deutschen Arbeiterbewegung: von 1945-1963, Teil 3, Berlin 1968, S. 281.

[7] Vgl. Hans Arnold, Hans Borchert, Johannes Schmidt, Ökonomik der sozialistischen Industriebetriebe, Berlin 1962, S. 175.

[8] Vgl. Jörg Roesler, Zwischen Plan und Markt. Die Wirtschaftsreform 1963 – 1970 in der DDR, Berlin 1990, S. 55ff.; André Steiner, Die DDR-Wirtschaftsreform der sechziger Jahre. Konflikt zwischen Effizienz- und Machtkalkül, Berlin 1999, S. 411ff.

[9] Vgl. Karl Marx, Lohn, Preis und Profit, in: Institut für Marxismus –Leninismus (Hrsg.), Marx-Engels Werke, Bd. 16, Berlin 1971, S. 134f.

[10] Martin Sabrow, Den Umbruch erzählen. Vortrag am 16.02.2012 am Zentrum für Zeithistorische Forschung Potsdam.